How to Be a Stoic: Using Ancient Philosophy to Live a Modern Life

迷いを断つためのストア哲学

マッシモ・ピリウーチ Massimo Pigliucci　月沢李歌子 訳

早川書房

HOW TO BE A STOIC
Using Ancient Philosophy to Live a Modern Life
by
Massimo Pigliucci

Translated by
Rikako Tsukisawa
First published 2019 in Japan by
Hayakawa Publishing, Inc.
This book is published in Japan by
arrangement with
The Science Factory Limited
through The English Agency (Japan) Ltd.

装幀／松田行正

哲学への旅を始めたばかりのケイリー・ルナへ。わたしの人生がそうだったように、彼女の人生も哲学によってより良いものに変わることを願う。そして、ストア哲学を実践することによってより良い人間になれるようわたしを励ましてくれたコリナへ。

目次

訳者による注は文中に小さめの（　）で示した。

1章　まっすぐではない道

ひとの世の旅路のなかば、ふと気がつくと、私はますぐな道を見失い、暗い森に迷いこんでいた。

――ダンテ『神曲　地獄篇』（集英社文庫、寿岳文章訳）

「いかに生きるべきか」という問いは、わたしたちが知るすべての文化において重要である。世俗的な文化においても、宗教的な文化においても、民族的に多様な文化においても、そうではない文化においても、それは変わらない。困難や変化にどう対処すべきか。社会のなかでどう振る舞い、他者にどう接すればいいのか。そして、究極の問いは――人間性が試される最後の試練、すなわち死の瞬間にいかに備えるべきかである。

こうした問いに向き合うために、人間の歴史が始まってから生まれた多くの宗教や哲学が、神秘的なものからきわめて論理的なものまで、さまざまな答えを提供してきた。近年では科学の分野でも、幸福とは何か、どうすれば幸福になれるかについて、多くの論文や一般向けの書物が記されている。そこにはたいがい、人生に対する満足度を高めたり、減少させたりする行動をしているときの脳スキャンの画像が掲載される。聖典から瞑想、哲学的な議論から科学的実験まで、実存に関する問いに答えるための、さまざまな手法が生まれているのだ。

その結果、人間の創造性と、生きることの意味と目的を知りたいという切迫感が反映された、きわめて多様な選択肢がもたらされた。宗教であれば、ユダヤ教、キリスト教、イスラム教のどれを信じてもいいし、数ある仏教の諸宗派のひとつ、あるいは道教、儒教などを選んでもいい。宗教よりも哲学のほうが性《しょう》に合うなら、実存主義、世俗的人文主義《ヒューマニズム》、世俗的仏教、倫理的文化に望みを託すこともできる。さらには、生きることに意味などないという結論に達して「幸せな」ニヒリズム（そういったものもある）を受け入れることもできる。

わたし自身は、ストア派《ストイック》の哲学を選んだ。だが、ストイックといっても、口元を固く結び、感情を押し殺しているわけではない。ミスター・スポック（スタートレックの生みの親であるジーン・ロッデンベリーが彼自身のストア哲学の理解にもとづいて設定したキャラクターだが、結局のところ、その理解は浅かったようだ）は好ましい人物ではあるが、その特徴はストア哲学に関してよくある誤解を示している。ストア哲学は、実際には、感情を押し殺したり、隠したりすることではない。むしろ、感情の動きを認め、何がそれを引き起こすのかを考えて、自分自身のためになるように転換することである。また、わたしたちにはコントロールできるもの、できないものがあるのをつねに忘れず、コントロールできるものに注力し、コントロールできないものには抵抗しないことでもある。さらに、善行を重ね、可能な限り世界に適応し、その一方ですべての行為が道徳にかなうよう注意を払うことだ。本書で説明するように、ストア哲学とは、理論的な教えについて考え、有益な示唆を得られる書を読み、瞑想や精神的修行を実践することを動的に組み合わせたものである。

ストア哲学の重要な教えのひとつは、わたしたちがコントロールできるもの、できないものの違いを知り、それを真摯《しんし》に受け入れることだ。この区別は、仏教の一部の宗派でも重んじられている。そのため、ストア哲学には社会的な関係や公的な生活から距離を置こうとする傾向があるととらえられがちだが、ストア派の哲学書を読んだり、有名なストア哲学者の生き方を調べたりしてみると、そうではないことがわかる。ストア哲学は、社会への関わりを大切にし、人間も自然も同じように大事にすることを説く哲学だ。みずからの思索を深めることを強調しながらも、社会的つながりを重視している。こうした矛盾を含んでいるかのように思える教えを実践することに、わたしは興味を引かれた。

わたしがストア哲学に辿り着いたのは、ダマスコへの途上でキリスト教に回心《かいしん》したパウロとはちがい、文化的偶然と、人生の浮き沈みと、意識的な選択の結果である。思い返すと、それは必然だったのかもしれない。ローマで育ったわたしにとって、ストア哲学は、古代ギリシャと古代ローマの歴史や哲学を高校で学んで以来、文化的遺産の一部だった。その教えを最近になってようやく、日々の生活の一部にしようと決めたのだ。

わたしの職業は科学者であり哲学者である。そのため、世界を理解するための（科学にもとづいた）一貫性のある方法と、生きるための（哲学にもとづいた）より良い選択をつねに探し求めている。数年前、著書『アリストテレスへの答え――科学と哲学はいかにわたしたちをより意味ある生き方に導くか』（未訳）において、「サイファイ（sciphi）」（science〔科学〕＋philosophy〔哲学〕。Sci-Fi〔サイエンスフィクション〕のもじり）とわたしが名づけた枠組みを探った。基本的な手法として、古代からの美徳の概念（すなわち、人格の形成とすぐれた行ないの実践を生きる意味の柱とする考え方）と最新の考え方（すなわち、人間の本質や、わたしたちがいかに働き、失敗し、学ぶかについて自然科学や社会科学が教えてくれること）とを組み合わせた。だが、それは哲学的な自己認識への旅の始まりにすぎなかった。

当時のわたしは、いったん立ち止まり、自分自身について考えるべき状態にあった。十代の頃から神を信じるのをやめた（高校時代にバートランド・ラッセルの『宗教は必要か』を読んだのがきっかけのひとつだった）ために、自分自身の倫理観と生きる意味に、ひとりで向き合わなければならなかった。同じような問いに直面する人々はアメリカで、そして世界中で増えているようである。わたし自身は、信仰心を持たないのは選択肢のひとつとして許容されるべきだと理解しているし、アメリカや他の国における政教分離を強く支持している。だが、リチャード・ドーキンスやサム・ハリスなど新無神論者たちの不寛容な怒りを残念に思うようにもなっている（むしろ不快に感じているのだろう）。宗教（あるいはその他の思想）に対して公に批判できるのが健全な民主主義社会の証《あかし》だが、批判され、侮辱されることに対して、うまく対応できる人はあまりいない。この点について、ストア哲学者のエピクテトスもわたしと同じように考えていたらしく、彼特有のユーモアを含みながらこう述べている。「この時点で、きみは彼が『あなたになんの関係があるのか？　なぜわたしにそんなことを言えるのか？』と言いだしかねない危険をおかしている。これ以上、追い詰めれば、彼はきみの鼻を殴ることになるかもしれない。わたし自身も相手によく余計なことを言ったため、しまいにはまさにそうした目に遭った」[1]

もちろん、いかに生きるかという問いに対して宗教以外の答えを求めるなら、新無神論に走らずとも、世俗的仏教や世俗的人文主義などがある。このふたつは世俗的な存在として生きる意味を求める人々にとっては主要な道だが、わたしにはどちらも物足りないように思えた。現代仏教は神秘的すぎるきらいがあり、経典は曖昧《あいまい》で、解釈が難しい。近代科学によってわたしたちが世界と人間のありようについて知っていることを考えると、とくにそう感じる（瞑想が精神的に良いことを説得力をもって示す数多くの神経生物学的研究はあるのだが）。わたしが長年支持してきた世俗的人文主義も、反対の意味で難点がある。それは、科学や合理性という現代的な考え方への依存があまりに大きく、信奉者の努力にもかかわらず冷たい印象のせいで、日曜日の朝に子どもを連れていきたいと思えないことだ。よって、世俗的人文主義の組織は、（数の上で）成功からは遠い。

一方、ストア哲学は合理的で、科学的に違和感のない哲学であり、精神的な面をもつ形而上学を包含し、修正を拒まず、実用性がきわめて高いように思えた。すべてのものには原因があり、万物は自然のプロセスに従うという因果性を受け入れていて、薄気味悪い超越論が入り込む余地がない。ストア哲学では、世界はロゴスと呼ばれるものによって構成されていると考える。ロゴスは神と解釈されることも、ときに「アインシュタインの神」と呼ばれることもある。つまり、自然は理性によって理解可能だという、単純明快な事実を指している。

他の要素も重要だが、際立つのは実用性だ。ストア哲学は、幸福で意味のある人生の探求として始まり、それを貫《つらぬ》いてきた。初期のストア哲学の著作の多くは失われたために、現代に伝わるのはほとんどが古代ローマ時代のストア派によるものである。当然ながら基本的な著作はどれもわかりやすい。しばしば暗号のように思える仏典や、意味がはっきりしない初期キリスト教の寓話《ぐうわ》とは異なり、エピクテトス、セネカ、ムソニウス・ルフス、マルクス・アウレリウスは、平易な言葉でわたしたちに語りかける。わたしが好きなエピクテトスの言葉が、ストア哲学の堅実な実用性を示している。「死は必然であり、避けることはできない。死から逃れてどこへ行こうというのか？」[2]

わたしがストア哲学を信奉するようになった最後の理由は、死が必然であり、それにいかに備えるかについて、ストア哲学がもっとも直接的に、説得力をもって論じているからだ。わたしは最近、五〇歳という節目を過ぎて、より大きな問題について考えるようになった。すなわち、わたしは何者か、何をしているのか、ということである。信仰がないため、人生の終わりに向けていかに準備をするかといった指南書も読んだ。わたしが考えていた以上に、現代社会では、科学によって寿命が延び、その結果、引退後の何十年かをいかに生きるかについて考える必要がある人が増えている。延びた寿命の意味をどうとらえるにしても、わたしたちの意識、この世におけるわたしたちの存在が最終的に消え失せていくことに、自分自身と愛する者たちが向き合うための準備をしなければならない。さらに、穏やかな気持ちで、また、残された者たちが慰めを得られるような形で、尊厳を保ったまま死に臨むにはどうすればいいかを知る必要もある。

よく知られているように、初期のストア哲学者は、セネカが人間性と信念に対する究極の試練と呼んだ死に対して、多くの努力を注ぎ、書を著した。「わたしたちは日一日と死んでいる」（『セネカ哲学全集5』岩波書店、高橋宏幸訳）とセネカは友人のガイウス・ルーキーリウスに宛てて書いている。[3] セネカはこの試練を、地上で残された時間をいかに生きるかに結びつけた。「立派に死ぬべきことを知らなければ、立派に生きることはできない」[4] ストア哲学者にとって、生とは進行中のプロジェクトであり、死という論理的で自然な終焉は、それ自体、特別なものでも、怖れるべきものでもないのだ。わたしはこの考え方に共感した。これまで教わってきたものの、なかなか受け入れられなかった正反対の考え方とうまくバランスをとることができるし、信じるに足る証拠も理由もなしに永遠の命を説くことがない一方で、死や個人の消滅という問題に対して、考えるのを避けたり、拒否したりしてもいないからである。

この古代の実践的哲学を蘇《よみがえ》らせ、二一世紀の生き方に用いようと求めているのはわたしだけではない。毎年、秋に行なわれるストイックウイークは、イギリスのエクセター大学のチームが世界中の哲学研究者、認知療法士、日常的な実践者と協同で開催する世界的な大会にして社会科学的実験であり、何千という参加者が集まる。[5] 大会の目的はふたつ。まず、参加者がストア哲学とそれぞれの人生におけるその重要性について学ぶこと。次に、ストア哲学の実践が実際に効果をもたらすのかどうかを知るための体系的なデータを集めることだ。中間結果は暫定的なものだが、有望である（将来的には、より洗練された実験手順が用いられて、より多くのデータが得られるようになるだろう）。たとえば、第三回の大会の参加者は、一週間の実践後に前向きの感情が九パーセント増加し、後ろ向きの感情が一一パーセント減少し、人生に対する満足度が一四パーセント改善したと報告している（昨年、追跡調査を行なったところ、実践を続けた人の効果が持続していることが確認できた）。参加者は、また、ストア哲学によってより善い行ないができるようになったと感じているようだ。五六パーセントの参加者が、該当する項目に高い点数を与えている。もちろん、これはストア哲学に興味を示し、その前提と実践を少なくともある程度、受け入れている参加者という自己選択サンプルによる結果だ。それでも、この手法をいくらか取り入れた人が数日のあいだにこれほど大きな変化を体験するのを見れば、関心を持つ他の人々も注意を払うようになるだろう。

　こうした結果はとくに驚くべきものではない。ストア哲学は、ヴィクトール・フランクルの言語治療、アルバート・エリスの理性感情行動療法などを含む、エビデンスにもとづいた多くの心理療法の哲学的な拠《よ》り所だからだ。エリスは、「現代の心理療法に、フロイトも及ばないほどの、最大の影響を与えた人物」と言われている。[6] 一方、フランクルは神経学者であり、精神科医である。ホロコーストを生き延びて、ベストセラーとなった『夜と霧』を著した。逆境を生き抜いた彼の感動的で示唆に富んだ物語は、ストア哲学の考え方を実践した現代の一例として読むことができる。エリスもフランクルも治療法の開発において、ストア派の哲学に大きな影響を受けたことを認め、フランクルは言語治療を実存分析と特徴づけた。海軍中将ジェームズ・ストックデールの回顧録『愛と戦争のなかで』

（未訳）も説得力がある。よく知られているように、ストックデールはベトナム戦争の際に、捕虜収容所に、長く、悲惨な環境で囚われていたが、ストア哲学（とくにエピクテトスの書を読んだらしい）のおかげで生き延びることができたと考えている。また、ストア哲学は、認知行動療法（CBT）の領域における多様な療法にも一役買っている。認知行動療法は、元来、うつ病の治療に使われたが、現在では多くの精神障害の治療に用いられる。アーロン・T・ベックは著書『うつ病の認知療法』において、次のように記した。

「認知療法の哲学的原点は、ストア派の哲学者まで遡《さかのぼ》る」[7]

もちろん、ストア哲学は哲学であり、心理療法ではない。その違いは重要だ。心理療法は、患者が心理的な問題を克服するのを助けるための短期的な手法である。生きるとはどういうことかといった、人生哲学を示す必要はない。だが、人生哲学は、わたしたち誰もが必要とし、意識的にしろ、そうでないにしろ、誰もが築きあげる。宗教から学んだ人生観をそのまま受け入れる人もいれば、年を重ねるうちに自分自身の哲学を形成し、とくに深く考えずとも、人生に対する理解を暗に反映した行動や意思決定をする人もいる。また、ソクラテスが述べたように、より善く生きるために、時間をかけてみずからの生を吟味《ぎんみ》しようとする人もいるだろう。

ストア哲学は、他の人生哲学と同じように、すべての人の心に響くわけではないし、すべての人に効果があるわけでもない。どちらかといえば、道徳的人格の形成のみに価値を置く、要求の多い厳しい思想だ。健康、教育、さらにいえば富ですら、「好ましい無関係」とされる（とはいえ、ストア哲学は禁欲主義を提唱しているわけではなく、歴史的に見て多くの人が人生を楽しんでいる）。こうした「外的要因」は、わたしたちが誰であるかを決めるものではないし、わたしたち個人の価値とはなんの関係もない。個人の価値は人格と徳の実践によって決まるのだ。そういった意味で、ストア哲学は、社会的階級を越えたきわめて民主的な思想である。富める人も貧しい人も、健康な人も病気の人も、教養ある人もそうでない人も、道徳的な生活を送る能力に差異はない。ストア哲学者が「アタラクシア」と呼ぶ心の平静は、誰もが獲得できる。

こうした独自性のために、ストア哲学は他の哲学、宗教（仏教、道教、ユダヤ教、キリスト教）、世俗的人文主義や倫理文化などの現代的な運動と多くの接点がある。信仰を持たないわたしは、目的や考え方の一部を他の主要な倫理的伝統と共有できる普遍的な哲学として、ストア哲学に魅力を感じたのだ。こうした共通性のおかげで、耳障りな新無神論を断固として拒絶できるし、信心深い人たちは、近年、社会にはびこる有害な原理主義から距離を置くことができるだろう。ストア哲学者にとって、真理《ロゴス》が神であるか、自然であるかは、究極的な問題ではない。認識すべきは、みずからの人間性を育み、他者を（そして自然を）慈《いつく》しむこと、そして世俗的な富に対しては、極端ではなく適度な距離を置くのがまっとうな生き方だということだ。そうすれば、人生を満喫することができる。

当然ながら、解消されない問題もある。それについては本書で探っていきたい。たとえば、本来のストア哲学は、倫理学だけでなく、形而上学、自然科学、論理、認識論に対する独自の考え方を含む総括的な哲学であり、こうした要素を重視する。いかに生きるべきかという、ストア哲学の中心となる論点が示されているからである。いかに生きるのがもっとも良いかを決めるには、世界の本質（形而上学）とその仕組み（自然科学）や、（不完全ながらも）いかにそれを理解するか（認識論）を知る必要があるのだ。

だが、古代ストア派の哲学者たちが発展させた概念の多くは、現代科学や哲学によってもたらされた新しい概念にその座を譲ったために、修正が求められている。たとえば、ウィリアム・アーヴァインが著書『良き人生について――ローマの哲人に学ぶ生き方の知恵』で述べているように、ストア哲学では、自分でコントロールできることとできないことの区別が厳しすぎる傾向にある。[8] 実際には、わたしたちが考え、取り組んでいる以上にできることはあり、状況によっては、これ以上は無理と認められるところまで力を尽くすべきなのかもしれない。その反対に、ストア哲学では、自分自身の考え方をいくらでもコントロールできると楽観的にとらえすぎているのも事実だ。現代の認知科学では、認知の歪みや思い込みによって、しばしば間違った判断がくだされることが繰り返し示されている。しかし、このことを理解すれば、ストア哲学者が唱える通り、倫理的で正しい思考のための訓練をするべきだという考え方は強化されるように思う。[9]

最後に、ストア哲学のもっとも大きな魅力のひとつは、教えに対する異議を検討する寛容さがあり、それによって変化することだ。ストア哲学は、他の学派（たとえば、古代懐疑主義など）からの批判や新しい発見さえ取り込もうとする。よく知られているように、セネカは次のように述べている。「わたしたちよりも前にこうした発見をした人々は、わたしたちの主人ではなく、導き手である。真実は誰も拒まず、まだ誰にも独占されていない。後世の者が発見する分も十分に残されている」[10]原理主義と融通のきかない教義がはびこる世界で、修正を受け入れるということを本質的に内包する思想は新鮮である。

こうした理由から、わたしは生きるための哲学としてストア哲学を実践し、探求し、学び、可能であれば改善すべき点を見つけて、志を同じくする人たちと共有しようと決めた。結局のところ、ストア哲学は、世界や、わたしたちが何物であるか、より大きな枠組みにいかに適合すればいいかを、一貫性をもって理解するために作られたひとつの（まっすぐではない）道である。そうした知見をあらゆる人々が求めている。本書では読者を古代の、そして驚くほど現代的な道へと案内したい。

問題は、ストア哲学については、わたし自身がまだ学び始めたばかりだということだ。そのため、よくある過ちを避けながら、より高い理解へ到達できるよう、そっと道案内を示してくれる人を頼る必要がある。ダンテ・アリギエーリは魂の旅に出たとき（その結果、美しい『神曲』を著した）、暗い森のなかで進む道が、突然、わからなくなってしまった自分を想像した。そこは、（想像上の）地獄の門の前で、その先には奈落の底が待っていた。だが、幸運なことに、ダンテには旅の案内役となる師がいた。古代ギリシャの詩人ウエルギリウスである。わたしたちが出かけようとする旅は地獄に落ちるほど重々しいものではないし、本書も『神曲』と比べられるものでもないが、ある意味、わたしたちも道に迷い、ダンテと同じように案内役を必要としている。わたしが案内役に選んだのはエピクテトスだ。わたしがストア哲学の探究を始めたときに、最初に出会ったストア派の哲学者である。

エピクテトスは五五年頃にヒエラポリス（現在のトルコのパムッカレ）に生まれた。本名はわかっていない。エピクテトスとは「獲得された者」という意味で、つまり、奴隷だったということである。ローマ皇帝ネロに書記官として仕えたエパプロディトスという裕福な自由民（解放された元奴隷）が主人だったので、エピクテトスは若い時代をローマで過ごした。生まれつきか、あるいは以前の主人に虐待されたせいかはわからないが、片足の自由がきかなかった。少なくとも、エパプロディトスはエピクテトスを大事にし、ローマでもっとも名高い教師のひとりであるムソニウス・ルフスのもとで、ストア哲学を学ぶことを許した[11]。

六八年にネロが没すると、エパプロディトスはエピクテトスを奴隷の身分から解放した。古代ローマでは、賢く、教養のある奴隷が解放されることがよくあったのである。エピクテトスはローマ帝国の首都で学校を開き、皇帝ドミティアヌスがすべての哲学者を追放した九三年までそこで教えた。（哲学者、とくにストア派の哲学者は、ウェスパシアヌスやドミティアヌスといった皇帝たちに迫害された。多くの哲学者が殺されるか、あるいは追放された。セネカはネロ皇帝時代末期に殺され、ムソニウスは二度、追放された。権力者に真実を告げる、というストア哲学者の気質は、権力に固執する一部の人々には好まれなかったようだ。）

エピクテトスは、その後、学校をギリシャ北西部のニコポリスに移した。その学校には皇帝ハドリアヌス（五賢帝と呼ばれる皇帝のひとり。五賢帝の最後の皇帝は、もっとも有名なストア哲学者と言われるマルクス・アウレリウスである）も訪れている。[12] エピクテトスは教師として名が知られるようになり、多くの際立った生徒を引きつけた。エピクテトスの講義を記録した、ニコメディアのアリアヌスもそのひとりだ。エピクテトスの講義録は、こんにち『語録』として知られ、本書においては、それをストア哲学を探求するための基軸とするつもりだ。エピクテトスは生涯、結婚しなかったが、後年、友人の子どもを引き取って育てるのに手を貸してくれた女性と一緒に暮らすようになった。その少年は、エピクテトスがいなければ死んでしまっただろう。一三五年に、エピクテトスはこの世を去った。

実にすばらしい人物ではないだろうか。身体の自由がきかない奴隷が教育を受け、解放されて自由民となり、学校を開き、ある皇帝には追放されたものの、別の皇帝には気に入られ、慎ましい一生が終わりに近づく頃、小さな子どもを私心なく助け、当時としてはきわめて高齢と言える八〇歳まで生き抜いたのだ。西欧世界の内外で、歴史上、もっとも力強い言葉の数々を述べた人物であることも重要である。わたしたちの旅の案内役には、エピクテトスがもっともふさわしい。わたしが初めて知ったストア哲学者であるだけではない。感性や知性、毒を含んだユーモアがすぐれていることに加え、いくつかの重要な点でわたしとは意見が異なるところもいい。そのおかげで、ストア哲学が驚くほどの柔軟性を有すること、また、二世紀のローマと二一世紀のニューヨークといったように大きく異なる時代や場所にも適用可能であることを示せるからだ。

さて、『語録』をもとに、エピクテトスとの対話を通して、ストア哲学を探究する旅に出かけよう。神について、断片化が進む世界における世界市民主義《コスモポリタニズム》について、家族を慈しむことについて、わたしたち自身の人間性の重要性、怒りや無力感への対処の仕方、自殺（をしないこと）に関する倫理性についてなど、さまざまな話題を扱うことになるだろう。エピクテトスの教えを補完するために、古代や現代の他のストア哲学者もときに登場する。また、こんにちまでの哲学や科学の発展を示し、ストア哲学の現代的な解釈を論じながら、エピクテトスの考え方にやんわりと異議を唱えもしよう。目指す先は、もっとも基本的な問いに対してなんらかの答えを見つけることだ。すなわち、「わたしたちはいかに生きるべきか」という問いである。

2章　ロードマップ

満足のいく人生を送ることのほかに、美徳にどのような目的があるというのだろうか？

――エピクテトス『語録』一・四

初めての場所を旅するときは、その土地の地図を持っていきたいと思う。そうすれば、どちらに向かっているのか、どこを避けるべきか、旅のあいだにどんな体験ができそうかがわかる。本章では、ストア哲学の全体像を示すと同時に、本書の旅からできるだけ多くを学べるよう、残りの章の構成をかいつまんで説明する。哲学や宗教（あるいはその他の複雑な思想）は、それぞれの歴史の紆余曲折をある程度知らなくては理解できないと考えるからだ。そこで、わたしたちが探究し、実践しようとしているストア哲学の歴史について見ていこう。

ディオゲネス・ラエルティオスの『ギリシャ哲学者列伝』では、ストア哲学は紀元前三〇〇年頃、ギリシャのアテネで誕生したとされている。キティオン（現在のキプロス）出身のフェニキアの商人であるゼノンは、イチジクと日光浴が大好きだった。哲学に興味を抱くようになったのは、紫の染料を運ぶためにフェニキアからペイライエウスの港へ航海中に、船が難破した後のことである。[1] ゼノンはアテネへ行き、書店で腰を下ろした。三〇歳になっていた。クセノフォンの『ソクラテスの思い出』第二巻を読み、とても気に入ったので、ソクラテスのような人にはどこで会えるか、と書店主に尋ねた。ちょうどそのときクラテス（キュニコス派の哲学者）が通りかかったので、書店主は言った。「あの人についていきなさい」

ゼノンはその言葉に従い、クラテスの弟子になった。クラテスのもとで初めに学んだことのひとつは、恥ずべき必要がないものを恥じるな、という教えである。クラテスはゼノンに、豆のスープが入った鉢をもって歩きまわるよう命じた。ところが、それを恥ずかしがるゼノンを見てその鉢を割り、大勢の人の前でこう告げた。「なぜ逃げるんだ。恐ろしいことなど何もないだろう」ゼノンはクラテスや他の哲学者のもとで数年間学んだのち、みずから学校を開いた。その学校で学ぶ弟子たちは、当初、ゼノンの徒と呼ばれたが、次第に「ストア派」と呼ばれるようになった。というのも、彼らが市の中心にあるストア・

ポイキレ（彩色柱廊）に集まったからである。そこには誰もが参加して、人間の摂理や義務、法、教育、詩、修辞学、倫理など、さまざまなことについてゼノンが説くのを聞くことができた（ゼノンの著作はほとんど残っていないが、『ギリシャ哲学者列伝』に書名が列挙されているために推測できる）。ゼノンは長く生き（一説には九八歳まで生きたと言われる）、転倒、あるいは痛みのせいで社会には必要とされないと感じた末に、餓死によって自殺した。

ゼノンの弟子であるクレアンテスがストア派を継承した後、ストア派の歴史において、もうひとりの重要人物が現れる。ソロイのクリュシッポスだ。長距離走者だったクリュシッポスは、哲学に関心を抱くようになり、さまざまな題目で多くの書を著した[2]（『ギリシャ哲学者列伝』によると七〇五冊！）。さらに重要なのは、多くの新しい考え方を紹介したことである。「クリュシッポスがいなければ、ストア派は存在しなかっただろう」と言われたほどだ。[3]

もちろん、ストア哲学は、独自に生まれたものではない。初期ストア派は、ソクラテスやキュニコス派にとくに強いつながりがあるだけでなく、アカデメイア派（プラトン学派）など、既存の学派や思想家の影響も受けている（哲学のさまざまな学派については本書巻末の付録を参照）。他の学派、とくにアカデメイア派、ペリパトス派（アリストテレスの学徒）、そしてもちろん、エピクロス派とも活発に議論を交わした。たとえば、エピクテトスの『語録』は、三章にわたってエピクロスに反論している。こうした学派はそれぞれに「エウダイモニア」、すなわち人間が目指すべき生き方を追求した。美徳を強調する派（ペリパトス派、キュニコス派、ストア派）もあれば、快楽を追求する派（エピクロス派、キュレネ派）もあり、さらには形而上学（アカデメイア派）や人間の知の限界（懐疑派）に関心を持つ派もあった。いずれにしても、どの派も目的は同じだった。それは豊かに生きることである。

こうした状態がしばらく続いたが、紀元前一五五年に古代哲学において重要な出来事が起こった。[4] ストア派、アカデメイア派、ペリパトス派のリーダーが、共和政ローマと政治交渉をするためにアテネから派遣される外交団のメンバーに選ばれたのだ。ストア派の代表はバビロンのディオゲネスだった。哲学者たちは、ローマ領であるギリシャの小さな都市オロポスを三年前に占領しようとした罰として課せられた賠償金の減額を嘆願するためにローマへ向かった。アテネ人の訪問は、外交の面だけでなく、文化的に大きな影響をローマにもたらした。哲学者たちが集中講義を行ない、いくぶん保守的なローマの支配者層に衝撃を与えたことにより、ローマ人のあいだに初めて哲学への関心が生まれたのである。

その後、紀元前八八年から八六年のあいだには、ペリパトス派のアテニオンが、次いでエピクロス派のアリスティオンが短期間ながらアテネで絶対的な権力の座についた（哲学者が独裁者になった！）。しかし、ローマに敵対するミトリダテス大王の味方につくという戦略的な大失敗をおかし、その同盟のせいでアテネは結局、略奪されることになる。その結果、主流学派の主導者は、ロドス島、アレクサンドリア、ローマなどのより平穏な場所へと移ったために、由緒ある都市アテネは、古代世界の哲学的な中心としての終わりを告げた。これが西洋哲学の歴史における重要な転機となった。

ストア哲学史の過渡期にあたるこの第二期は「中期ストア派」と呼ばれる。共和政ローマの偉大な弁論家であったキケロは、ストア哲学の支持者であり、初期および中期ストア哲学のおもな情報源である。共和政ローマは、ユリウス・カエサルが殺害され、オクタウィアヌス・アウグストゥスが皇帝になったのちに帝政へと移行した。この時期に、ストア哲学は主流学派として発展し、「後期ストア派」と呼ばれるようになる。ガイウス・ムソニウス・ルフス（エピクテトスの師）、セネカ（ネロ皇帝の顧問）、エピクテトス、哲人君主であったマルクス・アウレリウスなど、名の知れたストア哲学者がこの時期に活躍し、多くの著作を残している。

皇帝コンスタンティヌス一世が紀元三一二年にキリスト教を公認すると、ストア哲学は、他の多くの哲学の学派と同じように衰退していった。古代ギリシャ＝ローマ哲学の歴史は、五二九年、東ローマ帝国皇帝ユスティニアヌス一世がアカデメイアを閉鎖したことで、その幕を閉じた。それでも、ストア派の思想が初期キリスト教の教父たちや、アウグスティヌス、ボエティウス、トマス・アクィナス、ジョルダーノ・ブルーノ、トマス・モア、エラスムス、モンテーニュ、フランシス・ベーコン、デカルト、モンテスキュー、スピノザなど多くの歴史上の人物に影響を与えたことが、彼らの著作に示されている。近代の実存主義や、さらには新正統主義のプロテスタント神学もストア哲学の影響を受けている。二〇世紀に入り、第二次大戦が終わると、ヴィクトール・フランクルのロゴセラピー、アルバート・エリスの理性感情行動療法やさまざまな認知行動療法が生まれるきっかけとなったため（これについては前章で紹介した）、ストア哲学がふたたび支持されるようになった。

ストア哲学は実践的な哲学として発展したが、理論的な枠組みがなければ「哲学」とは言えないだろう。ストア哲学の枠組みは、（エウダイモニアという観点から）良い人生を送るには、ふたつのことを理解すべきという考え方だ。すなわち、世界の本質（さらにはそこにおける自分の場所）と人間の理性の本質（およびそれがしばしばうまく働かないこと）である。

古代のストア哲学者は、物理学、論理学、倫理学を学ぶことによって、こうした目的を達成しようとした。ただし、当時のそうした学問は現代のものとは少し異なる。ストア哲学における「物理学」とは世界の仕組みを学ぶことであり、こんにちの自然科学に加え、形而上学や神学をも含んでいる（ストア哲学者は神の存在を信じていた。ただし、万物に物質的な神が内在するとされた）。ストア派の「論理学」は、こんにちの論理学、すなわち形式的推論を研究する学問と重なり、古代ストア派が思想の基礎を築くのに貢献した。ただし、その領域は、こんにちの認識論（認識や知識の探求）、修辞学（思想をいかに効果的に伝達するかを学ぶ学問）、心理学（とくに人間の精神の働きと、いかに、そして、いつ理性がうまく働かなくなるかを理解する）まで広がっている。

ストア哲学者は、物理学や論理学自体に興味を持っていたわけではない。ソクラテスと同じように、また、他の多くの哲学者とは異なり、理論自体には関心がなかった。生きていく助けにならない哲学は、まったく役に立たないと考えた。それでは、物理学や論理学が、良い人生を生きるという、ストア哲学的倫理学の目的にどうつながるのだろうか。まずは「倫理」や「道徳」という言葉がどこから生まれたかを考えるのがその役に立つかもしれない。「倫理（ethics）」はギリシャ語で性質を意味するエートス（ethos）を語源とする。「道徳（morality）」はラテン語で習慣や慣習を意味するモラーリス（moralis）に由来する。キケロがギリシャ語のエートスをモラーリスという言葉で言い換えたのだ。つまり、他のふたつの分野の問題を理解しなければ、良い性質を正しく伸ばすことも、良い習慣を実行することもできない、というのが基本的な考え方である。

ストア派は自分たちの考え方を伝えるためにいくつかの隠喩《メタファー》を使った。もっともわかりやすいのが、クリュシッポスが使った、庭の果実によって倫理観を示すメタファーだ。良い果実を収穫するには、正しい肥料を与えなければならない。庭の土は物理学で、わたしたちが住む世界に関する知識を与えてくれる。さらに、「庭」は、柵で囲って、不要で破壊的な影響から守らなければならない。そうしなければ、雑草に覆われて、良いものが何も育たなくなる。柵は、非論理的なものを遠ざけるための論理学である。

われらがエピクテトスは、ストア哲学が重んじる三つの学問の重要性について、独自の見解を示している。

知徳を備えようとするものが修行するべき三つの領域がある。ひとつめは、欲求と回避の意志。求めるものを獲得しそこなわないように、回避しようとするものに陥らないようにするための鍛錬をしなければならない。ふたつめは行動するかしないかという衝動、すなわち何が適切な行動かという領域だ。秩序正しく、十分な考慮と適切な配慮のうえに行動することが重要である。三つめは、騙されないこと、また、その場しのぎの判断をしないこと、つまり、何を受け入れるか、という受容である。[5]

これらの領域、すなわち、欲求、行動、受容がストア哲学の三つの原則であり、三つの学問分野、さらには四つの美徳（後述）と図2-1のように関連する。[6]

この図はストア哲学の考え方を要約したものだ。ストア主義者たちが何を求めていたかを理解するのに役立つだろう。〈欲求の原則（ストア主義的承服）〉は、何を求めるのが

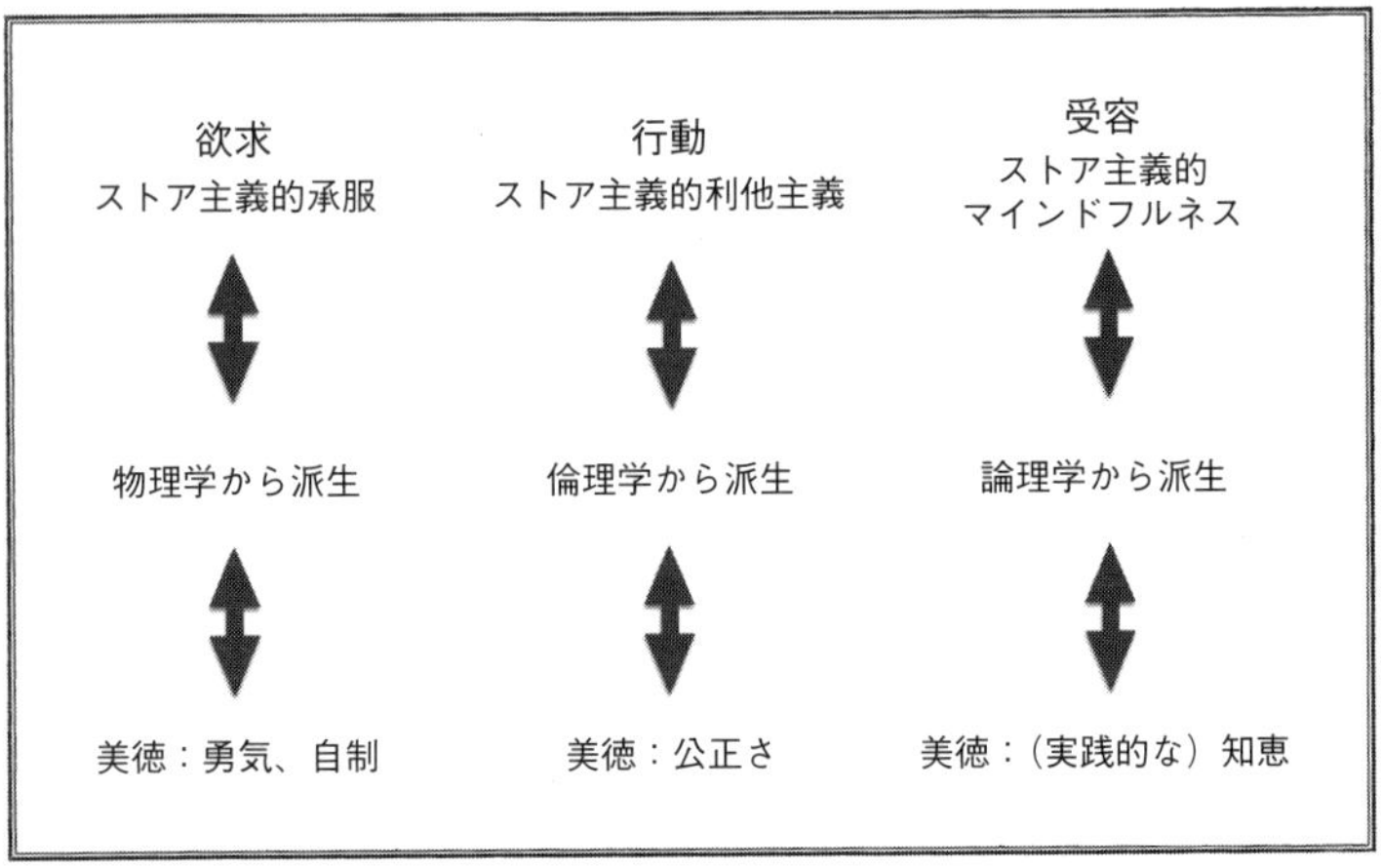

図2-1 ストア哲学の原則（欲求、行動、受容）と三つの学問（物理学、倫理学、論理学）と四つの美徳（勇気、自制、公正さ、実践的な知恵）の関係

正しいか、あるいは正しくないか、ということである。言い換えれば、みずからの力が及ぶものと、及ばないものがあるということだ。この重要な違いは、世界の仕組みを知ることによって理解できる。なぜなら、実際にはコントロールできないことも自分がコントロールしているという考え違い（希望的観測とも言える）を起こすのは、物理学を学んでいない人だからである。ストア主義の四つの美徳のうちのふたつは欲求をコントロールすること、すなわち、勇気（事実を直視し、それに従って行動する）と自制（欲求を制御し、達成可能なものにする）だ。〈行動の原則（ストア主義的利他主義、つまり他者への配慮）〉は、社会においていかに振る舞うべきかを教えてくれる。それはいかに生きるべきかとい

った倫理学を理解した結果であり、公正さへとつながる。三つめの〈受容の原則（ストア主義的マインドフルネス）〉は、状況にいかに対応するかである。最初の印象が正しいと判断するか、あるいはそれを否定するかの判断は、どう考えるのが妥当かそうでないかといった論理学を通して到達し、（実践的な）知恵という美徳を必要とする。

本書はこの三つの原則を中心に展開する。最初は、欲求、つまり何を求めるのが正しいのか、あるいは正しくないのかについて考え、わたしたちの力が及ぶものと及ばないものを知るというストア哲学の基本的な考え方を学ぶ。この区別は、人生において重大な決断をするときの指針となる。さらに、ストア哲学ではなぜ「自然に従う」べきと考えるかを理解する。ストア哲学者は、そうすることで人間の本質と宇宙におけるわたしたちの場所を理解できると考えた。また、外的な善（健康、富、教育）やその欠如を適切な観点から見ることによってより良い人生を送る助けを得られるよう、ソクラテスと球技をする（もちろん、比喩的な意味で）。また、ストア哲学における神と宇宙の目的について考える。

第2部では、行動の原則、すなわち世界においていかに振る舞うかを探る。ストア哲学者が、どんな状況においても人格がもっとも重要だと考えたのはなぜか。人間は悪ではなく、単に世界を見誤るせいで非道に陥ることがあると考えたのはなぜか。教育や啓発にロールモデルが重要だと考えたのはなぜか、また、良いロールモデルをいかに選ぶか。さらに、ストア哲学はいかにして、身体障害や精神障害を持つ人を含めて、困難な状況にある人々の力になるか。そういったことを考えていく。

第3部では、受容の原則、すなわち状況にいかに対応するのが良いか、という原則について考える。この原則は、怒り、不安、孤独など日常のさまざまな問題に加えて、友情や愛といった人生のポジティブな面にも関連する。ストア哲学者たちが、死という避けることができない人生の終焉にどのように向かい合ったかを知り、デリケートな自殺の問題についていかに深淵で示唆に富む態度を示したかを探る。最後に、良きストア主義者になるための、そして良き人間になるための道を歩みはじめ一二の実践方法を示す。

1部

欲求の原則　何を求め、何を求めないのが適切か

3章　わたしたちの力が及ぶもの、及ばないもの

わたしたちの力が及ぶものは最大限に生かし、そうでないものは、なりゆきにまかせるのがいい。

――エピクテトス『語録』一・一

わたしは一九九〇年からアメリカで暮らすようになった。当時はアメリカの文化についてほとんど知らず、せいぜい子どもの頃から見てきたハリウッド映画やイタリア語に吹き替えたテレビ番組で得た知識しか持っていなかった。そこで、親しい友人が、カート・ヴォネガットの小説を読んで学んだらどうか、と勧めてくれた。

一九六九年に出版された『スローターハウス5』は変わった小説だった。主人公のビリー・ピルグリムはトラルファマドール星人に誘拐され（あるいは誘拐されたと思い込み）、

同じように捕らえられた地球人でポルノ映画スターのモンタナ・ワイルドハックとともに動物園の檻《おり》に入れられる。トラルファマドールの人々は四次元――三次元プラス時間――を移動する能力を持つので、一生のうちのどの瞬間をも、好きなだけ訪れることができる。同じ力を与えられたビリーは、大事な瞬間について物語る。たとえば、賛否が分かれる第二次大戦終盤の連合国軍によるドレスデン爆撃についてなどだ。

『スローターハウス5』を読んでいるとき、わたしは次の祈りの言葉に出会った。地球にあるビリーの検眼室の額に入っていただけでなく、モンタナが身に着けているペンダントにも刻まれていた。

主よ
変えられないものを受け入れる心の平静と
変えられるものを変える勇気と
そのふたつを見分ける知恵をわたしに与えたまえ。

これは「平静の祈り」と呼ばれ、ビリーの冒険の旅を要約したものだ。ビリーは心の平静を欲していた。そして、過去は変えられず、影響を及ぼすことができるのは今このときだけだと認めることで心の平静が得られる、と考えた。認めるのは勇気がいる。戦場で求められるような勇気ではない。もっととらえにくく、おそらくもっと大事で、最良の人生を送るのに必要なものだ。

　この現代的な祈りは、アメリカの神学者であるラインホールド・ニーバーの作とされ、一九三四年には説教に用いられているようだ。現在はアルコール依存者の自助グループであるＡＡ（アルコホリクス・アノニマス）の会合をはじめ、問題行動から回復するための一二ステッププログラムを実施する多くの団体で使われている。だが、同じような考え方は、何世紀も前から、また、異なる文化においても見られる。一一世紀のユダヤ人哲学者であるソロモン・イブン・ガビーロールは次のように述べた。「そして彼らは言った。すべての理解は――現状のまま変わらないものと望んでも叶わないものがあること、わたしたちの力では変えられないものがあるという慰めを知ることから始まる」[1]八世紀の仏教学者、寂天も同様のことを述べている。「もしも治療法があるならば、憂鬱《ゆううつ》が何の役に立つだろうか。／またもしも治療法がないならば、憂鬱が何の役に立つだろうか」[2]（『現代語訳大乗仏典7　論書・他』東京書籍、中村元訳）

　さらに時代を遡ればこんな記述もある。「わたしたちの力が及ぶものは最大限に生かし、そうでないものは、なりゆきにまかせるのがいい。わたしたちの思うままになるものも、そうでないものもある。どんな意見を述べるかはわたしたち次第だし、衝動、欲求、回避――すなわち、わたしたちの行ないはみな、わたしたち次第だ。身体はわたしたちの思い通りにはならない。財産、評判、公職、すなわち、わたしたちの行ないでないものは思い通りにはならない」[3] エピクテトスの『提要』の初めに出てくるこの考え方は、エピクテトスの教えの基礎であり、ゼノンにまで遡るストア哲学の全体系にとってきわめて重要である。これについて考えてみることからストア哲学の探究を始めよう。

ここまで紹介してきたいくつかの教えが似通っているのは、見過ごされがちではあるものの、ストア哲学の知恵が何世紀ものあいだに広まっていったことの表れだろう。また、他の哲学の学派や、ユダヤ教、キリスト教、仏教、道教などの宗教にもストア哲学の主要な考え方のいくつかが見られる。そうした類似点は、直接あるいは間接的な相互作用から生まれたものもあるし、人間のありようについて考察した賢人の知恵をそれぞれが独自に集積したものもある。本書はおもにストア哲学について論じるものの、さまざまな時代や文化において実践された結果、提案され、再発見され、検証された考え方も紹介する。このように時の試練に耐えてきた考え方から得られるものを、自分自身の生き方に取り入れるのは賢明なことだろう。

つい最近、ヴォネガットの小説を読み直し、フォロロマーノ（古代ローマ時代の遺跡。観光地として有名）を歩きながらエピクテトスの言葉について考えているときに、ある問題に気づいた。エピクテトスは譲歩をしすぎているると同時に、譲歩が足りないのではないか。意見、衝動、欲求、回避の行動は「わたしたち次第」であるのに対して、身体の状態、財産、評判、公職は思い通りにならない、とエピクテトスは言う。そんなはずはない、とわたしは思った。わたしの意見は、他者の考え方を本で読んだり、聞いたり、他者と話をしたりすることに影響を受けている。衝動や欲望や回避の行動の多くは自然で本能的なものであり、わたしができるのは、そうした考えを行動に移すのを拒否することだけだ（そのときわたしは店の窓から見えるおいしそうなジェラートに目を奪われたが、食べる必要に迫られていなかったし、腹回りにも良くないから買うのをやめた。ほら、わたしの考えが裏づけられた）。その一方、たとえば、ジムに通い、健康的な食事をして身体を気遣うことはできるし、財政的な状況が許す範囲で何を手に入れるかを決めることもできる。また、同僚や学生や友人や家族からの評判は努力によって変えることができる。さらに、わたしは公職にはついていないが、公職を得るために選挙に立候補して、票集めをしようと努力することはできる。決めるのはわたしだ。

そんな反論を考えているうちに、ふと、それは二一世紀という時代に生きるわたしが、したり顔で語っているにすぎないのではないかと思うようになった。賢明なエピクテトスなら、そんなことはわかっていたはずだ。言葉に字義を越えた意味を込めたはずである。テクストはすべてその背景を考えて解釈するべきなのだから、何を今さらと言うところだろう。だが、そうした背景を知るには助けが必要である。フォロロマーノを歩くわたしには、幸運にも、最高の助言者であるエピクテトスがついていた。わたしは問いかけた。

「わたしの反論についてどう思う?」エピクテトスは、たとえ話で答える。「船旅に出たときのようなものだ。船旅では何ができるだろうか。船頭や船員や出発日や時間を選ぶことはできる。さて、嵐がやってきた。何を心配するべきだろうか? わたしはやるべきことはやった。あとは、ほかの人、つまり船頭にまかせるしかない。天候が航海に不都合なものになれば、やきもきしながら海を眺め、たえず尋ねるだけである。『風はどちらから吹いている?』『北からです』わたしたちには何もできない。『西風はいつ吹くのかな?』『西風が吹こうと思ったときですよ、だんな』」[4]

このたとえ話からわかるように、コントロールできるものとできないもの、というストア哲学の二分法は、わたしたちが世界にどのような影響を及ぼすことができるかを、三つに分けて述べている。第一に選択である。目的(船旅)と、それを達成するための最良の手段と思われるもの(経験豊富な船員)を選ぶ。第二に、選択をしただけでは、期待通りの行動が得られるとは限らないことを認識する。たとえば、希望した船頭がその日に病気になるとか、料金が高すぎて雇えないとかいったことがあるかもしれない。第三は、なんの影響も及ぼすことができない要因だ。風の方向や強さなどは、わたしたちにはまったくコントロールができない。

本書の執筆中に、わたしは、エピクテトスのたとえ話が痛いほどの現実になる経験をした。兄弟のひとりと一緒に音楽と哲学のフェスティバルに参加しようと、ローマからロンドンに向かったときのことだ。その旅に関しては、旅行の申し込みをし、主催者が選んだ航空会社を受け入れる（つまり、特定の航空機と「船頭」を手配した）など、多くのことがコントロール下にあった。コントロールできなかったのは、ロンドンのガトウィック空港着陸寸前に起こった出来事だ。滑走路がはっきり見えるくらい地面に近づいたとき、突然、エンジンが轟音を立て、急に加速をしたのがわかった。エアバスが下降を止め、再び高度を上げたらしい。不吉なサインである。だが、パイロットは冷静だった。「本機が使うはずだった滑走路にほかの航空機がぐずぐずと残っていて、その上に着陸しそうになった」とやんわりと告げたのである。管制塔からも知らされていなかったのだろう。パイロットの反射神経とエアバスの強力なエンジンによって、乗客の命がからくも救われた。どちらの要因についても、わたしたちの力が及ぶすべがないのは言うまでもない。隣に座っていた窓側の席の乗客がリアルタイムで一部始終を話してくれたので、事実がわかったまでのことだ。わたしは不思議にも平静でいられた。旅に出たときは、今にも危険なことが起こるのではないか、といつも心配していたのに。西風は西風が吹こうと思ったときに吹く。エピクテトスの言う通りである。

エピクテトスの教えは、わたしたちには、自分がコントロールできないことを心配し、それにばかりエネルギーを向けるという奇妙な傾向があるのを示している。そんなことはやめて、自分がコントロールできること、あるいは影響を及ぼすことができる要因に注意を向けるべきだと考えるのがストア哲学だ。この旅には正当な理由があるのか、本当に行きたいのかを確かめ、最良の船（航空機）や船員（航空会社）を時間をかけて調べたり、ほかの準備をしたりするべきだ。すなわち、ストア哲学の最初のレッスンのひとつは、わたしたちの力が及ぶところに意識と努力を集中させ、あとは世界のあるがままにまかせる、ということ。そうすればエネルギーを節約できるし、大きな不安を抱かずにすむ。

　キケロのたとえ話も理解に役立つだろう。的《まと》を狙う弓の射手がいるとする。キケロによると、射手は多くのことをコントロールしている[5]。どれだけ厳しく、どれだけ多くの練習をするかを決め、的の種類や的からの距離に応じて弓と矢を選び、できる限り正確に狙いを定め、矢を放つ瞬間を決める。つまり、真剣に的を狙い、弓から矢を放つ瞬間まで最善を尽くすのである。さて、問題。矢は的に当たるだろうか。それは、射手にはどうにもできないことだ。

　結局は、突風のせいで矢の飛ぶ方向が変わり、的を完全にそれてしまうこともあるだろう。たとえば、台車が通りかかるなど、射手から的を遮《さえぎ》るものが現れるかもしれない。的が、飛んできた矢をかわそうと動く可能性もある。とくに的が敵の兵士ならそうなる。よって、キケロはこう結論づけた。「的を実際に射当てることは選択されるべきものだが、追求されるべきものではない」一見不可解な主張だが、今ならその意味も理解できる。射手は的に当てようとするのを意識的に選択し、その目標を達成するためにできることをすべてやった。しかし、失敗という結果も覚悟している。結果がどうなるかは自分ではコントロールできない。何かやろうと決めたとしても、他の要因が入り込む可能性はままあるからだ。

エピクテトスと対話をしながら、わたしは彼の教えを人生のあらゆる面に用いることができるのに気づいた。たとえば、自分自身の身体はどれくらい「コントロール」できるだろうか。わたしは子どもの頃から、体重で苦労してきた。ぽっちゃりと太っていたので、よくあるように、学校ではからかわれた。十代になると、人間関係にいささか臆病になり、とくに女の子とはうまくいかなかった。時がたつにつれてましになったが、体重の問題は今でも引きずっていて、これからも悩みの種になりそうだ。それでも、ストア哲学の考え方には大いに助けられている。まず、自分の遺伝子の構造（父の精子と母の卵子が無作為に結合した結果）も、幼少時の環境も、わたしにはコントロールできなかった。わたしは祖父母に育てられ、与えられたものはなんでも食べた。量も頻度も、適切かどうかは祖父母が判断した。「生まれか育ちか」を専門的に研究する生物学者として、遺伝子と幼い頃の環境の相互作用が習慣の形成にどれだけ大きな影響を及ぼすかは、いくら強調しても足りないほどである。

ただし、これは運命論や無力感に屈する理由にはならない。成長し、大人になるには、何をどれだけ食べるか、運動をするべきか、するならどれだけ熱心にするかなどの選択を含めて、自分の生活をコントロールすることも重要である。そこで、わたしは、遅すぎるかもしれないが断固たる決意をもって、筋肉の働きと肺活量を維持するために、一五年以上前に適度な運動を始めた。また、ほぼ同時期に、栄養学の基礎に関する本を読み、食品ラベルに注意を払い、適切な食事をきちんととる努力をするようになった。今でも、認めたくないほど頻繁にこの習慣を破ってはいるが、良い結果が出ているのは確かだ。以前より健康になったし、見た目もましになったおかげで、自信も持てるようになった。とはいえ、ほかの人が生まれつき、あるいは（遺伝子や幼少時の環境によって身についた）努力によって手に入れた、スリムで筋肉質な身体ではないし、これからもそうはならないだろう。そのことにずっと悩まされ、苛立ちもした。だが、今は違う。コントロールできること（何を食べるか、運動をするかどうか）がある反面、コントロールできないこと（遺伝子、幼少時の体験、運動の効果などの多くの外的要因）があるというストア哲学的姿勢を身につけたからだ。その結果——現在の体型や健康——は、冷静に受け入れるべきだ。それは、キケロが言うように「選択されるべきものだが、追求されるべきものではない」。結果はどうあれ、自分が最善を尽くしているのを知ることで満足が得られるのである。

コントロールできるもの、できないものを分けるというストア哲学の考え方は、人生のあらゆる出来事に用いることができる。たとえば、職場で昇進の候補になったとする。在職年数、勤務評価、同僚や上司とうまくやっていることを考えれば、昇進は当然かもしれない。結果は、明日わかる。そんなときは、ストア哲学の考え方に従えば、前夜は心安らかに眠り、翌朝は、どんな結果になったとしても、あきらめではなく自信を持ってそれに対応すればいい。自信は結果によるものではない。結果はコントロールできないものであり、職場内の駆け引きや、上司のあなたに対する好感あるいは反感、同僚との競争など、多くの要因に左右される。自信は、自分ができることはなんでもやった、ということを知っているからこそ生まれるのだ。コントロールできるのは、自分ができることだけ。世界は自分の望み通りに動いているのではない。動くがままに動いている。上司、同僚、株主、顧客など多くの要因から成り立つ世界が、自分の望み通りに動くと期待するほうがおかしい。

あるいは、あなたに十代の娘がいて、その子が突然、反抗するようになったとしよう。娘が幼い頃は幸せで、親子関係は申し分ないと思っていたのに……。たいがいの人は、娘がまだ幼いうちにもっとやれることがあったのではないかと後悔する。では、何がやれたかというと、何も思いつかない。また、状況をコントロールできないと感じ、かつては幸せそうだった子から口もきいてもらえず、（少なくとも一時的に）軽蔑さえされているような気がすることもやりきれない。エピクテトスは、後悔は感情的エネルギーの浪費だと言った。過去は変えられない。コントロールできない。過去から学ぶことはできるし、学ぶべきだが、何かができるのは今、この場で起こっていることだけだ。だから、一生懸命に娘を育てたということを認めて、そこから慰めを得るのが正しい姿勢である。現に今も、難しい時期にある娘の助けになろうと最善を尽くしているではないか。うまくいくか、いかないかはともかく、結果を冷静に受け入れるのが一番だ。

あきらめたほうがいい、と言っているのではない。ストア哲学は受け身の哲学だとよく誤解されるが、ストア派の哲学者たちが説いたことはまさにその逆だし、さらに重要なことに、実践したこともそれとは正反対だ。教師、政治家、軍の大将、皇帝など、著名なストア主義者たちは、運命を無気力に受け入れはしなかった。むしろ、自分がコントロールできる内なる目標と、影響を与えることはできるがコントロールはできない外的な結果とを、賢明にも区別した。「平静の祈り」が伝えているように、その違いを認識できるのが成熟した賢い人である。

困難な状況に陥ったとき、わたしがいつも思い出す話がもうひとつある。幸運にも、その話の主人公が直面する状況に比べれば、わたしの苦境などまったくたいしたものではないことが多い。一世紀のストア哲学者、パコニウス・アグリピヌスの父親は、反逆罪の疑いで皇帝ティベリウスによって死刑に処された。アグリピヌス自身も六七年に皇帝ネロによって、反逆罪に問われた（おそらくこれも冤罪である）。エピクテトスは次のように記している。「『元老院ではあなたについて裁判が行なわれています！』と彼にしらせがあった。彼はこう答えた。『うまくいってくれるといいが。だが、もう五時だ』彼は、この時間に、いつも運動をして冷水浴をするのである。『運動をしに行こう』運動を終えたとき、また誰かがやって来て言った。『有罪になりました』彼は尋ねた。『追放か、それとも死刑か』『追放です』『財産はどうなる？』『没収されませんでした』『ではアリキアへ行って、食事をしよう』[6]」アグリピヌスの受け答えはふてぶてしく思えるかもしれない。ハリウッド映画に出てくる腹の据《す》わったヒーロー（ケーリー・グラントやハリソン・フォードが演じるような）ならともかく、現実にはこんなことは言えないだろう。だが、これこそがストア哲学の力なのだ。自分の行動はコントロールできるが、その結果はコントロールできない。もちろん、他人の行動の結果も。その基本的な真理を理解すれば、何が起ころうと落ち着いて受け入れ、与えられた状況において最善を尽くしたと確信できる。

　さらに、アグリピヌスの友人のストア哲学者であり、元老院の議員だったプブリウス・クロディウス・トラセア・パエトゥスも、ネロの職業的訴追者《シュコファンテス》によって罪に問われた。運に恵まれなかったトラセアは、自由選択による死、つまり、自殺を命じられた。そして、食事を共にしていた人々に静かにいとまを告げると、自室に退き、彼が血管を切るのを見届けるよう皇帝に命じられてやってきた査問官を招き入れた。それから、ライバルのキュニコス派の哲学者である友人のデメトリウスに魂の性質について語りながら、死が訪れるのを待った。

アグリピヌスとトラセアは並外れた人物だと言ってもいいだろう。ネロの時代から二〇〇〇年たった今でも、気まぐれな専制君主は驚くほどたくさんいるが、わたしたちの多くは、ありがたいことに、その支配下にはない。よって大事なのは、コントロールできるものとできないものを区別するという基本的な考え方であり、その意味合いである。取るに足りないことから重要なことまで、たいがいのことはわたしたちにはコントロールできないのがわかる。つまり、物や人に執着してはいけないのだ。こうした教えは仏教をはじめ、他の哲学や宗教にも見られるものの、誤解を招きやすく、ストア哲学が誤って理解される原因にもなっている。エピクテトスがわたしにはっきりと教えてくれたのは次のことだ(突拍子もない話のように感じたが、わたしが心を開き、それまで無縁だった考え方を楽しむことができるよう、あえて言ったのだとあとになってわかった)。

そのためにはどのような訓練をすればいいか。根本的で、もっとも重要で、いわば第一歩となるのは、何かに愛着を抱くとき、すなわち、決して奪われないものではなく、水差しやガラスのコップといったものに愛着を抱くときは、それがたとえ壊れても取り乱す必要はないと忘れないことである。人間に対しても同じだ。自分自身の子どもや兄弟や友人にキスをするときは……死すべき者を愛していること、愛しても自分自身のものではないことを失念してはならない。彼らへの愛は一時的に与えられただけであり、永遠に手に入れたわけでも、ずっと手元に置いておけるわけでもない。一年のうちの決まった時期だけに収穫できるイチジクやブドウを冬に求めるのが愚かなことであるように、自分に与えられていないときに息子や友人を慕うのは愚かなことであり、冬にイチジクを求めているのと同じだと知るべきだ。[7]

先を読み進む前に、もう一度、読み返してみてほしい。多くの人と同じように、あなたもエピクテトスが水差しやガラスの杯《さかずき》への愛着について語ったことには賛同できるだろう。当然ながら、物に愛着を抱く必要などない（抱く人は大勢いるが）。結局はただのガラス（あるいは、ｉＰｈｏｎｅだと考えてもいい）であり、たとえ高価なガラス（安いｉＰｈｏｎｅはない）でも、壊れたからといって大きな問題にはならない。だが、子どもや兄弟や友人の話については、多くの人がぎょっとしたに違いない。大事な人たちを愛するな、とはあまりに冷淡な助言だ。季節はずれであろうがなかろうが、弟をイチジクと比べるなんて、人格に問題があるのではないだろうか、と。

だが、あるとき、これについて少し考えてみた。すると、エピクテトスは大事な人たちを愛するなとは言っていないこと、さらに、受け入れるのは難しいものの、真実を述べていることがわかった。ストア哲学は政治が不安定な時代に生まれ、発展した。人生が一瞬にしてひっくり返り、死が年齢に関係なく、誰に訪れてもおかしくなかった。エピクテトスの次の世紀、すなわち古代ローマ帝国の最盛期を生き、ギリシャ哲学の影響を強く受けた皇帝マルクス・アウレリウスですら、不幸な出来事に見舞われた。一三人の子どものうち、息子ひとりと娘四人以外が自分よりも早く亡くなったのだ。最高の物質的豊かさや、最良の食べ物や、その時代の最新の医療をわがものにした一族でさえ、そうした状況にあった（アウレリウスのかかりつけ医はガレノスといい、古代のとりわけ有名な医者である）。

さらに大事なことに、すでに述べたように、エピクテトス自身が友人の息子を養子にして、放っておけば死んでしまったであろうところを救った。つまり、エピクテトスは他人を思いやり、血のつながりがない人の面倒さえ見たことになる。エピクテトスが伝えているのは、勇気をもって人生の現実を直視しよう、ということである。誰もが死ぬし、「自分のもの」として権利を主張できる相手などいない。これが現実だ。これを理解すべき理由は、愛する者が死んだり、親しい友人が国を離れたりしたときに正気を保つためだけではない（現代では経済的理由や暴力や社会の混乱から他国に逃れることがあるが、当時は刑罰として国を追放された）。こうした現実と向き合えば、仲間の愛や、仲間と一緒にいられることを当たり前とは思わずに、そのありがたみを精一杯かみしめるべきだと胸に刻むことができる。いつかは誰もがこの世を去り、楽しむことができる正しい「季節」が終わってしまうからだ。わたしたちは、今、この瞬間《ヒック・エト・ヌンク》を大切に生きるべきなのである。

これが真理であることは、この夏（二〇一六年）、トルコのイスタンブールに三日間滞在したときに、運命の女神によって示された。家族は、わたしがトルコに入国することになっていた直前に、イスタンブールが恐ろしいテロの標的になっていたため、心配していた。一方、わたしは、テロが起こったあとに厳重な警戒態勢が敷かれていたこともあり、すぐまた別のテロが起こる可能性は低いだろうと思った。それは正しかった。だが、政変についてはまったく考えていなかった。

数人の友人と、イスタンブールの歴史地域にあるクレタ料理のレストランで食事をした晩のことだ。遅くまで残っている客のうち、隣のテーブルの人たちがみな、それぞれ携帯電話の画面にくぎ付けになっていた。わたしは、これもまた現代技術が生んだ嘆かわしい現象のひとつだと感じた。食事をしている相手よりも、フェイスブックをチェックするほうが大事なのか、と。だが、すぐに最初の印象を受容すべきではなかったのがわかった（ストア派の哲学者が言うように）。彼らがあまりにも真剣で、心を奪われているようだったので、それでは説明がつかない。実は、彼らはクーデターが進行中だというニュースを追っていた。ワインを飲み終え、会話を続けるわたしたちのテーブルの反応はきわめて冷静だった。トルコ人の友人たちは、トルコにおけるクーデターの歴史を説明し、ますます独裁的になり、親イスラム色を強めるレジェップ・タイップ・エルドアン政権について語った。

だが、いつまでもそこに留まっているわけにはいかない。噂では、軍によってすべての橋が封鎖されたらしい。それが本当なら、イスタンブールの中心部にある宿泊先のホテルに戻れないことになる。やがて、封鎖されたのは、ボスポラス海峡にかかるふたつの橋だけだとわかった。アジアとヨーロッパを結ぶ橋である。タクシーが見つからなかったので、わたしたちは徒歩で注意深く橋に近づいた。警察の車両がいくつかの通りを封鎖し、好奇心に駆られた人々が、どうすべきかわからず、集まっていた。ありがたいことにSNSが使えたので、友人もわたしもさしあたり無事であることを伝え、家族を安心させられた。

状況は不気味なほど落ち着いていた。人々はいつもの夜と同じように、タバコを吸いながら橋で釣りをしている。当惑しながらも、わたしたちはホテルに戻り、床《とこ》に就いた。その後、数時間、ヘリコプターや戦闘機の音が頭上から聞こえ、あるときは爆発音が二度、轟いた。近くのタクシム広場からだったらしい。だが、翌朝になると、何もなかったかのように、通りにはいつもよりは少ないながらも人がいて、営業しているコーヒーショップもあった（さすがに文化的施設はほぼ閉まっていた）。一方、空港は封鎖されたままだったので、わたしたちは目立たないように近隣を歩き回り、ニュースに気をつけていた。やがて、乗るつもりだった飛行機は予定が変更になったが、まだ飛ぶことがわかった。そこで、真夜中近くに空港へ行き、パリ経由でニューヨークに戻ることにした。

厄介なことになったのはここからだ。タクシーで空港に向かうと、クーデターの失敗を喜ぶ何百もの人々で道が通れなくなっていた。今回の事件では、首都アンカラを中心に、国内各地の都市で、何千もの死傷者が出ている。興奮した群衆に巻き込まれるのは、概して得策ではない。その国の言葉を話せない場合はとくにだ。群衆が自分たちの国で流された血に興奮する若者たちなら、なおさら「好ましくない無関係」である。さらに、タクシー運転手が、車が動かないことに苛立ち、他のタクシーの運転手を怒鳴りつけるのも見たくない。そうした危険な状況のなか、ようやく空港に着くことができ、チェックインを済ませ、無事にヨーロッパに飛んで、その後アメリカに戻った。

ストア哲学を学ぶわたしにとって、この経験は本章で紹介した基本原則を何よりも強く思い起こさせる。すなわち、わたしたちがコントロールできるものなどほとんどないということだ。わたしは日々、この原則を繰り返し自分に言い聞かせて、つねに心に留めるようにしているが、社会秩序が突然ひっくり返るのを目のあたりにすれば、その意味をいやがおうにも痛感させられる。次にわたしが驚いたのは、イスタンブールで過ごした二四時間を通して、一緒にいた仲間も、自分も、きわめて冷静に行動したことだ。もちろん、わたしたちの身が危険にさらされることはなかったが、状況は不確かだったし、爆発音や頭上を飛ぶ軍用機の音を耳にすれば、不安を抱いてもおかしくはなかった。また、空港でシュプレヒコールを叫ぶ群衆のあいだをタクシーで通り抜けるときに気づいたのは、恐怖や怒りを刺激されれば、人間はたやすく感情的な行動に駆り立てられるということだった。

そして、こういった感情は決して受容するべきではなく、より前向きな姿勢を育てるためにつねに抑制されるべきだというストア哲学の考え方が、わたしのなかで強くなった。この場合であれば、なぜこのような事態になったのか、その結果、この国はどこに向かおうとしているのかを理性的に理解する努力が必要である。イスタンブールでは、きわめて特殊な状況において、ストア哲学の教えが大いに役立った。また、ほかの人々にとってもストア哲学は恩恵をもたらすものだという思いを強めた。たとえクーデターが起こって気が動転しているときにでも。

4章　自然に従って生きる

人間の本質が従順で、親しみやすく、誠実であるというのは、信じがたいのではないだろうか。

——エピクテトス『語録』四・一

ストア哲学者たちは、その教えを他の人々に説明するために多くの新しい言葉を作り、みずからの基本的教義を思い出す必要が生じれば、短い、簡潔な語句で表現するのを好んだ。キティオンのゼノンも次のような気の利いた言葉を述べている。「わたしたちは『自然に従って』生きるべきだ」

つまり、どういうこと？　わたしはからかうようにエピクテトスに尋ねた。ストア主義者は、木々を抱きしめるニューエイジだってことですか？　そうではない、とエピクテトスは静かに言う。「単に人間としての約束を果たすといったありふれたことではない。人間とはなんだろうか。理性を有し、やがて死んでいく動物だ。では、理性によってわたしたちは何から区別されるのだろうか。獣である。ほかには？ 羊などだ。よって、獣《けもの》のようなことをしてはいけない。そのようなことをすれば、おのれのなかの人間を失い、人間としての約束を果たせなくなる」[1]

人間が動物界において特別な存在であることは、古代の人々にとっては明らかだった。たとえば、アリストテレスは、人間は理性ある動物だ、と言っている。だが、人間がつねに理性的に行動するわけではないことは、あらためて観察するまでもなくわかる。アリストテレスは、人間が理性を持ちあわせていることを述べたのだ。さらに、人間は政治的な動物である、とも言った。人間が政治運動や政治的論議をするという意味ではなく（もちろんそうしたこともするが）、ポリス、すなわち社会のなかで他者とともに生き、さらに、そこで繁栄することだ。人間が生まれつき社会的であり、理性を持ちあわせているというアリストテレスの洞察から、ストア哲学者は、人間の生き方とは理性を社会生活に用いることだ、という観念を導いた。アリストテレスとストア哲学者の違いは小さいようでありながら、大きな意味がある。アリストテレスは、思考をすることが人間特有の能力であり、思考こそが人間が生きる最大の目的だと考えた。だが、ストア哲学者は、それではあまりに視野が狭いととらえたのだろう。重点を社会性に移し、人間が生きるために大切なのは、理性を用いて人間の能力が及ぶ限り最善の社会を建設することだ、と主張した。

近年、人間性といった考え方そのものが一筋縄では論じることができなくなり、科学者や哲学者から疑念が生まれ、偏狭な世界観の名残りだとあからさまに拒否する者もいる。だが、わたしは、それは大きな間違いだと思う。

一九世紀半ばまで西洋の人々は、人間を含む動物は全能の神によってひとつずつ特別に造られた、と考えた。その立場からアリストテレスの言説を問題なく受け入れ、彼らの宗教のフィルターを通して再解釈した。すなわち、人類は神の姿に似せて作られたので特別であり、生来の目的を持っているのだ、と。それは神が万物に対して抱く計画を実行すると同時に、神を崇拝することである。

しかし一八五九年、チャールズ・ダーウィンによって『種の起源』が発表された。ダーウィンと研究仲間のアルフレッド・ラッセル・ウォレスはそれぞれ証拠を多数集めて、ふたつの革命的な知見を示した。ひとつは、地球上のすべての種は、兄弟姉妹、いとこ、おじ、祖父母といった家系図のように、共通の祖先をもち、生命の起源にまで遡ること。もうひとつは、地球上の驚くべき多種多様な生物の形態はおのおのの生活環境に適応していて、それは「自然淘汰」という基本的なプロセスの結果だということだ。ダーウィン以後、自然環境と実験室の両方で研究され、立証されたこのプロセスは、とても単純なアルゴリズムによって働く。まず、ダーウィンとウォレスは、自然界における動植物の個体群にはつねに個体の特徴とは異なる変種が存在することに注目した。ほかのものより背が低かったり、高かったり、葉の緑色がほかよりも濃かったり、薄かったりするものもあれば、新陳代謝がほかより速かったり、ほかより遅かったりするものもある。次に、そうした変種は、その生物が生きる環境に、多かれ少なかれ有利であることが多い。たとえば日に照らされ、水が乏《とぼ》しい砂漠では、ある形の葉が環境に向いているが、水は豊富なものの、日があまり当たらない熱帯雨林の林床では、また違う形の葉が適している。言い換えれば、こうした特徴は生物学的見地から、地球上のすべての生物にとって重要なふたつのことに影響を及ぼす。すなわち、生存と、さらに重要な繁殖能力である。最後に、特徴の一部は次の世代へと伝えられるので、親と子の特徴には相関関係がある（ダーウィンはそれについては詳しく知らなかったが、基本的な原理はほぼ同時代にグレゴール・メンデルによって発見されていた。だが、メンデルの業績は一九〇〇年まで認められなかった）。

変異、適応度の差、遺伝といった三つの要素を結びつけると、概して、環境により適応する特性を持った個体群が生き残り、より多くの子孫を残す可能性が高く、よって集団全体にその特性が広がることがわかる。環境が変わり、別の特性が有利になると、「自然淘汰による進化」と呼ばれるプロセスは新しい方向に進む。

このことは人間性になんらかの関係があるのだろうか。ダーウィンの進化論は、アリストテレスやストア哲学者（および古代の哲学者のほとんど）が提唱したような、人間の基本的な本質に関する説明を叩き潰すことになった。「理性によってわたしたちは何から区別されるのだろうか。獣である。ほかには？　羊などだ」と言ったエピクテトスは正しかった。人間は獣や羊とはずいぶん違う。だが、他の霊長類、とくに類人猿とは大きな差があるのだろうか。現代の生物学によると、そうでもないらしい。たとえば、人間のゲノムはチンパンジーのゲノムと四〜五パーセントの違いしかない。進化論的に言えば大きな違いだろうが、アリストテレスならその差があまりに小さいことに驚いただろう。さらに、生物学者は、人間の特性と伝えられてきた多くのものが実はそうでないことを、体系的に発見してきた。社会集団のなかで協力をしながら生きるのも、道具を使うのも人間だけではない。[2]複雑なコミュニケーション能力をもつ種や、道徳的行動と呼べるものを示す種はほかにもいる（ボノボや他の霊長類にもそうした行動を見ることができる）。

とはいえ、複雑な文法を持つ言語を使い、生まれつき大きな脳を生後さらに成長させ続け、脳の非対称性が大きく、右脳と左脳が異なる機能（たとえば左脳が言語）を司《つかさど》る動物は、人間だけのようだ。また人間は、身体に対する脳の比率が哺乳類のなかで最大であり、類人猿あるいは旧世界猿の仲間として——変な話だが——唯一ペニスに骨がない。[3]

こうした特徴のほとんどは、質的なものではなく、量的なものである。たとえば、人間の脳は他の種と比べれば大きくて非対称であり、乳児はより大きく、誕生後に成長する期間がより長い。つまり、他の動物と異なるのではなく、程度に差があるだけである。他の特徴については、アリストテレスやストア哲学者の主張と無関係だろう。確かに、人間のペニスには骨がないが、それは理性や哲学的思索や美徳にはほとんど関係がない。おそらく、人間のもっとも有望で顕著な特性は言語を使うことだが、それでも、言語が合図や他のコミュニケーション手段と異なり、厳密には何によって構成されるのかについてはさまざまな見解がある。[4]

わたしは人間性に対する生物学的な違いをもとにした懐疑論を拒否するからといって、ここで人間の本質に関する無謀な探究はやめておこうと言うつもりはない。むしろ、現代生物学の研究成果を受け入れ、それを真剣に考えていきたい。研究によって、人間を含む生物の種を区別する特徴の大半、あるいはすべてが、量的なものであり、多元的連続性のどこにあるかという違いであることが示されている。その一方で、複雑で多細胞からなる同種の生物——とくに、人間などの脊椎動物——は、多元的連続性上の一点に集中し、他の種の集団とは距離があることも明らかになっている（もちろん例外はある。生物学の唯一の法則はいつも例外があることだ、と生物学者は言うだろう）。つまり、人間がホモサピエンスの外見を有し、人間らしく行動するということ、そして生物学的には、進化論上のもっとも近い種であるチンパンジーと見分けるのに生物学者を必要としないということの、手の込んだ言い方である。人間性について意味のある説明をするために知るべきことはこれがすべてだ。つまり人間は、顕著な多元的特徴を持つ近縁種とは十分に異なり、そうした特徴の多くは、社会的な協調性や強大な知力といった能力と関係があるということである。人間は動物とは違うとストア哲学者が主張する根拠はまさにこのふたつ、すなわち社交性と理性だ。

生物学的な人間性についての話はここまでにしておこう。だが、近年は、人間が例外だという考え方は、他の分野、とくに哲学においても成り立ちにくくなっている。反論の論拠はふたつある。エピクテトスの話に戻る前に、それについてしばし考えてみたい。まず、これまで説明してきたような証拠をもとに、ダーウィンは人間の本質という考え方を潰したと論じる哲学者たちがいる。一方で、遺伝学ではなく文化人類学の見地から、人間の行動は柔軟であり、場所や時間といった違いによるさまざまな文化において異なるため、人間の本質といった単一的な概念について意味のある説明はできない、とする哲学者もいる。

後者の主張は、ふたつの点で少し奇妙に思える。まず、人間の文化がそれほど変わりやすいのならば、そのこと自体が動物の世界においてきわめて特異であり、（いくぶん）人間を他の種と区別することになるだろう。次に、少し真面目に言えば、人間は、たとえ文化が異なっても、共通の特性を多く有する。つまり、人間の行動の柔軟性には限界があるということだ。たとえば、暦《こよみ》の使用（時間を記録しようとする）、宇宙論の発達（世界がどのようなもので、どのように誕生したかを説明する）、占いや葬儀をすること、財産相続の規則を決めること、冗談を言うこと、思春期を迎えたことを示す習慣があること、魂やそれに類似したものの概念を持つこと、道具を作ることなどだ（ただし、ここに挙げたのは、人間だけの特徴ではない。たとえば、道具を作る種はほかにもいる[5]）。

結局、生物学上の違いも、文化的多様性も、古代の人々の考え、言い換えれば、「人間は、地球という惑星が数十億年の進化を通して作った、良くも（文化的、技術的に驚くべき発展を遂げた）、悪くも（環境を破壊し、他の種や人間自身に痛みや苦難を与えた）他の種とは大きく異なる種である」という考えを否定できないように思える。とくに、わたしたちにとって重要なのは、人間を特異なものにしているのが、骨があるとかないとかいった些細なことではなく、人間の社会的および知的能力であることだ。そのおかげで、わたしはこの本を書くことができるし、読者であるみなさんはこの本を読みたいと思うのである。

さて、この章の初めの問いに対するエピクテトスの答えを、今ならより正確に考えることができるだろう。「人間とはなんだろうか。理性を有し、やがて死んでいく動物だ。では、理性によってわたしたちは何から区別されるのだろうか。獣である。ほかには？　羊などだ」エピクテトスの説明は続く。「羊のようなことをしてはいけない。そんなことをすれば、人間性を失うことになる。羊のようなことをするとは？　食欲や情欲に流されるとき、思慮や品性や配慮に欠ける行動をするとき、羊のように堕落するのではないだろうか？　何を損ねるのだろうか？　理性である。闘争的だったり、有害だったり、怒ったり、無礼だったりする行為によって、わたしたちは堕落し、獣になるのではないだろうか？[6]」エピクテトスは、人間が他の種と異なるのは理性のおかげであるとして、倫理を説いている。すなわち、わたしたちは獣や羊のように振る舞うべきでない。そのように振る舞えば、わたしたちにとっておそらくもっとも尊い（そして自然な）人間性そのものを否定することになる。「自然に従う」というのは木々を抱きしめることではないのだ。

だが、哲学的に言えば、別の問題が浮かんでくる。エピクテトスなどのストア哲学者は、「自然に訴える」と呼ばれる初歩的な論理的誤りに陥っているのだろうか。つまり、あるものは自然だから善であると主張し、自然でありながら人間にとって良くないものを無視しているのだろうか（たとえば毒キノコなど）。倫理学において「自然に訴える」という問題には長い歴史があり、啓蒙主義者として知られるスコットランドの哲学者デイヴィッド・ヒュームがそれを明らかにしている。ヒュームは、次のような行為をおかしいと述べている。

これまでに知ったどの道徳体系でも、著者は、しばらくは通常のやり方で議論を進め、それから神の存在を立証するか、あるいは人間について所見を述べてきたものだ。ところが「である」「ではない」と述べて命題を結ぶのではなく、必ず「べきである」「べきでない」と結んでいることに、突然、気づいてわたしは驚くのである。この変化は目につきにくいが、きわめて重要である。なぜなら、「べきである」「べきでない」というのは、ある新しい関係や断言を表すのだから、これを注視し、説明する必要があるからだ。また、同時に、突飛なものであれば、まったく異なるものから、そうした新しい関係が導きだされる理由が与えられなければならない。[7]

これは哲学の古典的一節とされ、ヒュームが指摘している問題は、「である」と「べき」の隔たりとして知られている。ヒュームは隔たりを埋めることができないと言った、と解釈する人々（「突飛なものであれば、そうした新しい関係が導きだされる理由が与えられなければならない」を重視）がいる一方で、ヒュームは単に、隔たりを埋めようとするなら、その行為を正当化する必要があると言ったにすぎない、とより穏やかな主張をする人々（「注視し、説明する必要がある。同時に、理由が与えられなければならない」を理由とする）がいる。ヒュームが実際に何を意図したかはわからないが、わたしは後者の立場に傾いている。倫理学には拠り所が必要だし、自然主義的な姿勢がもっとも期待が持てると思うからだ。[8]それは、ギリシャ＝ローマの哲学者、とくにストア哲学者が用いた手法でもある。

道徳の本源に関する近年の議論には、大きく分けて四つの立場、すなわち「メタ倫理学」的立場がある。懐疑主義、理性主義、経験主義、直観主義だ。懐疑主義者であれば、基本的には、どの倫理判断が正しいかを知る術はないと考える。道徳に関する懐疑論者は、たとえば「殺人は悪である」という主張を、範疇誤認という誤りに陥っているととらえる。[9]事実（人が殺されたこと）と価値判断（悪である）という互いに帰属しないものを混同している、と。懐疑主義者は、「である」と「べき」の隔たりは埋められない、事実は判断と関係ない、と考える。もちろん、道徳に関する懐疑論者はディナーパーティーでは人気者になれない。

哲学において一般的なのは、観察や実験ではなく、思索によって知識に到達できると主張する理性主義だ。安楽椅子の哲学者と笑うなかれ。論理学者と数学者は、つねに理性主義的手法を用いて、新しい知識を作りだすのである。よって問題は、倫理学は数学や論理学のようなものであるかどうかということになる。同じだと考える人たちがいる一方、そうではないという意見もある。

理性主義と対照的なのは、観察や実験などの証拠にもとづいて最終的な知識に到達すべきと主張する経験主義である。科学は、究極の経験主義的学問だ。よって倫理的知識は経験によって到達するという主張は、「である」と「べき」の隔たりを科学的手法で埋めようとする試みになる。

直観主義は、倫理的知識には、理性も観察もいかなる推論も必要としない、という立場である。何が正しくて、何が間違っているかの区別は、強い直観という形でわたしたちに組み込まれている。それはどういったものだろうか。たとえば、他の霊長類が、たとえ血縁でなくても、危機あるいは窮地にあると思われる個体を助けるといった道徳的行動の原型を示すことはすでに紹介した。ボノボがそうした行動を示すのは、善悪に関する哲学論文を読んだからではない。単に本能に従って行動しただけで、その本能は自然淘汰によって組み込まれたのだろう。そうした本能は、霊長類の小集団が生き延びるには不可欠な順社会的行動を強化するからだ。人間はボノボと祖先が近く、人間の祖先も順社会的な行動が適応される小集団で暮らしていたため、人間が道徳的本能を有し、それは祖先である霊長類から引き継いだものだと考えるのは拡大解釈ではないだろう。[10]

ストア哲学者の倫理に対する姿勢は、この四つのカテゴリーには当てはまらない。教えとしては、直観主義、経験主義、理性主義の組み合わせだ。しかし、ストア哲学者は断じて懐疑主義者ではなく、倫理問題については「発展」理論を支持している。言うなれば、人間は本能（理性でなく）によってのみ人生を始め、その本能は自己愛と、両親、きょうだい、近親者などに対する愛を強化すると考える。その時点まで、人間は生まれながら組み込まれた倫理的本能によって、純然たる直観主義者のように行動する。

六歳から八歳になって理性が備わるにつれ、関心の対象が拡大する。[11]その時点で、思考と行動をより明確に区別するようになり、世界とその中にある自分の場所を理解しはじめる。それ以降、人間の本能は、内省と経験の組み合わせ、すなわち、理性主義と経験主義のプロセスによって強化され、ときに修正される。ストア哲学者は、哲学的および知的な成熟が進むにつれて、本能ではなく（経験的によって学んだ）理性の確立が重視されるようになると考えた。エピクテトスは「それは理性的な動物の本性だ」[12]という。「社会に対して貢献をしなければ、自分にとって良いことはできない。すなわち、自分にとって良いことをするのは、非社会的というわけではない」。そこで、ふたたび人間性について考えてみよう。エピクテトスは、人間の基本的な要素は社会性だという。それは、人間が他者と一緒にいるのを好むということだけではない。人間は他者の助けなしでは存在できないということだ。よって国家のためにすることは、（おそらく間接的に）自分自身のためになる。これは人間性に対する鋭い洞察を示している。人間は社会的霊長類のひとつの種として進化し、進化の系統樹において近しい動物たちと適応性のある順社会的本能を共有するという、エピクテトスの時代から一六世紀後の発見に一致するものだ。

こうしたストア哲学者の考え方について、二世紀のストア哲学者であるヒエロクレスが『倫理学要綱』において総合的に論じている。残念ながら、現在はその一部しか残っていないが（また、ヒエロクレスについては、アウルス・ゲッリウスに「威厳のある信心深い人物」と評された以外、あまり知られていない）、ヒエロクレスは次のように述べている。

わたしたちひとりひとりは、いわば多くの円に囲まれている……一番目のもっとも近い円は、自分の心を中心に描くものだ……二番目は、中心から少し離れるが一番目の円を囲み、その中に両親、兄弟、妻、子どもがいる……その次の円には一般の人々が、次に同族の人々、さらにその次に市民が含まれる……だがもっとも外側の一番大きな円は他のすべての円を囲む、全人類の円である……これは個人が、それぞれの関係において正しい行動をすべき領域を示す、いわばひとつの中心を囲む円であり、個人はつねに内側の円からそれを囲む外側の円へと関心を拡大するよう努力すべきである。[13]

ヒエロクレスはストア哲学者であり、よって実践的な立場から、さまざまな円のなかにいる人々がわたしたちにとって大切だという概念を理解するのに役立つような振る舞い方も提案した（図4-1）。たとえば、他人を「兄弟」あるいは「姉妹」、年長者に対しては「おじ」あるいは「おば」と呼ぶように生徒に勧めた。他人を本当の血縁者のように扱うべきことをつねに忘れないため、理性にわたしたちがいわば同じ船に乗っていることを忠告させるためである。こんにちでも多くの文化が類似の習慣を持ち、それぞれがヒエロクレスと同様の人間心理に関する知見に到達している。

ストア哲学者はこの概念を完成させ、オイケイオシスと呼んだ。他者の関心への「理解」あるいは「自己化」としばしば現代風に翻訳される。この概念にもとづいて、ストア

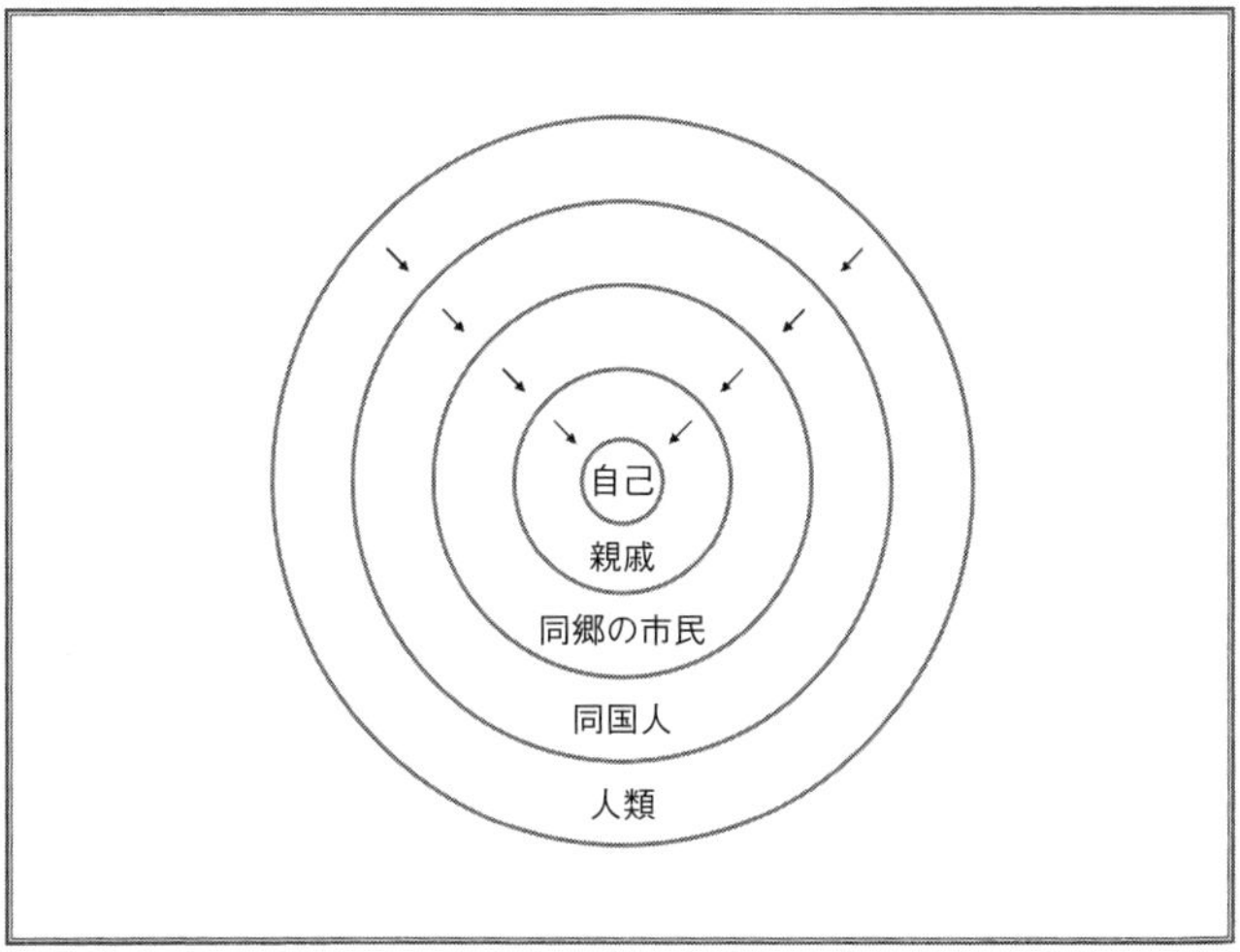

図 4-1 ストア学派のコスモポリタニズム（世界市民主義）の概念。2 世紀の哲学者ヒエロクレスの同心円を視覚化したもの。外側の円にいる人々をより内側の円にいる人々と同じように扱うべきであることを伝えている。

哲学者（さらにストア哲学者に大きな影響を与えたキュニコス派）はコスモポリタニズムという新たな言葉を作りだした。「世界の市民」であることを意味する、現代でも重要な言葉である。ヘレニズム哲学におそらくもっとも重要な影響を及ぼしたソクラテスは、次のように述べている。「どこの国の人かと訊ねられたら、アテネ人だとか、コリントス人であるとかではなく、世界の市民であると答えるべきである[14]」

5章　ソクラテスとの球技

物質は無関係なものだが、それをどう使うかは無関係ではない。

——エピクテトス『語録』二・五

前章「自然に従って生きる」で、ストア哲学者はストア哲学の真髄をつく格言を好むと述べた。それはストア哲学の愛すべき側面だと思う。まず、ストア哲学者は理論だけでなく、実践に関心があることを再認識させられる。ストア派の格言は、未達者、すなわちストア哲学の学徒の進歩を助けるためのものだ。特定の団体のメンバーであることを示したり、異なる考えを持つ者に対抗して連帯するために使われたりする現代のバンパーステッカーやTシャツに書かれたスローガンとは違い、実践者によって、個人的な備忘録、日々の瞑想の補助、迷いが生じた際の行動規範として使われた。言い換えれば、ストア哲学は、これ見よがしに主張するものではないということだ（教師などはそうせずにはいられないかもしれないが）。マルクス・アウレリウスは極端なまでにこの態度を貫いた。有名な『自省録』は、本として出版するためではなく、思索の日誌として書かれたもので、ギリシャ＝ローマ時代には『自分自身に』というタイトルで知られていた。

ストア派の格言は、短い文章ながら表面的には逆説《パラドックス》を含んで見える。そこがわたしは好きでもあるのだが、そのせいでストア哲学が誤解され続け、つねに説明が求められるために、苛立ちもする。だが、一方で、ストア哲学について教える機会にもなる。「パラドックス」について聞かれたときこそ、バンパーステッカーのレベルから、少なくともプレゼンのレベル（現代の対面やソーシャルメディア上でのやりとりとしては最大限）まで持っていける最高のきっかけを得られる。

おそらく、もっとも逆説的に感じられるのは、「好ましい無関係」（および「好ましくない無関係」）という言い回しだろう。「無関係」というカテゴリーには、個人の高い資質や美徳以外のすべてが含まれるため、ストア哲学者が何を意味していたかをはっきり理解する必要がある。

わたしはいつものようにエピクテトスを頼った。今回は、ローマのカザルパロッコ地区を散歩しているときだった。ちなみにこの地区にはエピクテトスの名を冠した通りがある（エピクテトスは控えめな性格のため、このことにおおいに驚いた）。エピクテトスはいつものように、ストア哲学に大きな影響を与えたソクラテスの話をした。「(ソクラテスは)球技をしているかのようだった。それはどのようなボールだったのだろうか。人生、投獄、追放、服毒、妻との離別、子どもを孤児として残すことだ。それでも、平静を失わずにボールを扱った。わたしたちも同じように、試合ではできるだけ慎重に巧みにプレーしつつも、一方ではボールとは無関係でなければならない」[1]

この話は、明らかに人生を球技にたとえている。エピクテトスがどの球技について言及したのかはわからないが、古代ギリシャ＝ローマ風のサッカーだとしよう。[2]ボールそのものは球技の中心であり、注目を集めているが、実際には無関係のものだというのがこのたとえの要点だ。色、形、素材、大きさはさまざまだろうが、ボール自体には価値がないことを告げている。ボールは単に目的達成のための手段であり、重要ではない。試合を左右するのはボールをどう扱うか、いかにプレーをするか、どちらが勝ち、どちらが負けるかである。実際のところ、すぐれた選手はボールの扱い方や、いつ、誰にパスをするかなどについて固定観念を持っていない。最高の選手は、ファンタシア(創造性)を発揮し、フィールドで何をするかを思い描き、ピンチをチャンスにする新しい方法を見つけだし、障害物を道へと変える。[3]これがマルクス・アウレリウスの言っていることだ。さらに、すぐれた選手の特徴は、試合に勝つことではなく、最終結果にかかわらず最善を尽くすことである。選手は、結局のところ、試合の勝ち負けをコントロールすることができないのである。

ソクラテスも同じ状況にあった。ソクラテスは、生まれた時代や場所、紀元前五世紀のアテネの政治制度と状況など、運命によって与えられたものに対処した。良い人生を送ろうと努め、ペロポネソス戦争で軍役に就いたり、アテネ市民に哲学を教えたりした。政治家のアニュトスとリュコンから陰謀がらみの支援を受けた詩人メレトスによって、「不敬虔」（都市国家公認の神々を信じない）だと告発されたときは、アテネ市民の前に立ち、みずから弁明した。告発は、ソクラテスを非難する者たちの政治的、個人的な復讐心から起こされたものだった。

人民法廷で死刑を宣告されたものの、たやすく逃げ出すチャンスはあった。友人たちが見張りに賄賂を渡そうとしてくれたからだ（この時代に限らず、よくあることである）。しかし、ソクラテスはその機会を使って、自分に生命を与え、ここまで育ててくれたアテネに対するみずからの義務を説明した。プラトンが著した『クリトン』によると、ソクラテスは取り乱した友人たちにこう伝えたらしい。明らかに悪用されたとしても、わたしには法に従う倫理的な義務がある。自分たちにとって都合が悪いからと言って、決まり事を変えることはできない。ソクラテスは、友人、弟子、妻、子に先立つことにはなるものの、毒を進んで飲むつもりだった。義を貫くという大事なことのために。それ以外はすべて「無関係」だ。ソクラテスが友人や家族（さらに言えば自分の生命）を気にかけなかったということではない。そうではなく、死を免れるため、あるいは愛する者を苦しみから救うために、徳を捨てるつもりはなかったという深い意味がある。エピクテトスはわたしにこう言った。「何が出てくるかを知ることはできない。だが、出てきたものは、慎重に、巧みに利用しなければならない……きみは与えられたものを最大限に活かすべきだ」[4]

現代であれば、アメリカ人の内部告発者であるエドワード・スノーデンにたとえられるだろう。よく知られているように、スノーデンはアメリカ国家安全保障局で請け負い仕事をしていた。二〇一三年に多くの機密文書を公開し、同局が違法まがいの方法で多くの人々を監視していることを、白日の下にさらした。この内部告発によって、開かれた社会における監視と民主主義的な価値のバランスについて議論が巻き起こった。当然ながら、スノーデンの名を出すことは、古代においてソクラテスの話をするときのように、両極端の反応を引き出す傾向がある。スノーデンを英雄だと思う人たちもいれば、裏切り者だと思う人たちもいて、実際のところ、その両方だと考えられているのだろう。スノーデンの行為が倫理的に正しいか否かとは別に（これもまた、ソクラテスの教えが、彼の政治的行動が正しかったかどうかとは関係ないのと同じように）、スノーデンが、一九一七年に成立した諜報活動取締法違反の容疑二件を逃れて、アメリカから（この原稿を書いている時点では、ロシアに）亡命することを求めた倫理感については、理性的に考えることはできるかもしれない。それでも、正直なところ、わたしには答えがわからない。ソクラテスは逃げないという選択をし、スノーデンはアメリカに戻らないことを選んだ。スノーデンが自分の行動の結果に向き合うべきだった（それが正しかったかどうかはさておき）と考えたとしても、ソクラテスのような倫理的な高みに到達した者はほとんどいないということは誰もが実感するかもしれない。だからこそ、ソクラテスはストア派の規範となるロールモデルと見なされているのだ。

幸運にも、わたしたちの大多数は、ソクラテスやスノーデンのような道徳的危機に直面することはないだろう。だが、人生から受け取ったボールをどう扱うかを決める機会は多い。ちょっとした例をいくつか挙げてみよう。わたしは、エピクテトスと会話をしたすぐあとに私用で現金が必要になったため、ニューヨークの自宅アパートメントの角を曲がって、銀行の支店のＡＴＭから現金を引き出した。そのとき、ふと考え込んだ。ストア哲学と関わると、すべてのことに倫理的側面があるとすぐに気づくようになる。このとき、わたしは自分の取引銀行が、従業員と社会全体を相手に後ろ暗い行為（問題のある投資や金融ツールの活用など）をいくつもしているという悪名が立っていることを突然、思い出した。わたしの好ましい無関係、すなわち必要なときに口座から便利に現金を引き出せることが、わたしが原則的に反対している労働慣行や社会慣行を暗黙のうちに支持してしまうことになる。これはまずい。

こう考えた結果、わたしは行内に入り、困惑する顧客担当者に口座を解約すると告げた。

サービスに不満があるのではなく（サービスはすばらしかった）、わたしが預けた資金の使い方がどうしても納得できないから、と説明した。その後、いくらか調べて、倫理的に非の打ちどころがないというわけではないが、解約した銀行よりは間違いなく良い銀行を見つけた。その銀行で取引を始めてからは、少し気分がいい。

また、わたしは「菜食主義」という言葉を理解できないイタリアの両親や祖父母のもとで、どんなものでも食べてきた。今は、菜食主義者になったわけではないものの、食べ物の産地、動物に与える苦しみ、環境への負荷、労働などといった犠牲についても気にするようになっている。これは複雑な問題で、簡単な解決方法はなく、はっきりと異なる無関係のあいだで葛藤が生まれる。たとえば、菜食主義者の一般的な主張と反し、人間が菜食に変わったとしても、どれだけ多くの動物が苦しみ、死ぬことになるのかはわからない。人間の消費に合わせて農作物を大規模に栽培すれば、地球の環境が急変し、多くの野生動物にとって貴重な生態系が奪われてしまう。地元で生産された有機栽培の農作物を食べることが持続性につながると考えているならば、文献を読んだり、ちょっとした計算をしたりしてみてほしい。きっと驚くだろう。活動家兼ジャーナリストであるマイケル・ポーランは、ベストセラーとなった著書『雑食動物のジレンマ――ある4つの食事の自然史』において、地元の食料品店で、彼やわたしが簡単に見つけて買うことができるような食品を何十億もの人々にいきわたらせることはできないと述べている。それでも、どんなにひどく動物たちを苦しめ、どんなに環境を破壊しても、わたしたちには食べたいものを食べる権利があるという主張は、無神経というだけではすまない。

　おそらくこのジレンマのせいで、ストア哲学者の多くが実際に菜食主義者になったのだろう。たとえばセネカはこう書き記している。「この言葉に刺激されて、私は肉を食べることをやめた。その年の終わりには、その習慣は容易なだけでなく快《こころよ》いものとなった。精神がいっそう鋭敏になったように感じられた」[5] その後、セネカは、菜食主義を主張する政治党派と関連づけられることを嫌い、菜食主義をやめてしまった。セネカはただの日和見主義者だったのか。それとも倫理感が弱い人間だったのだろうか。そうとも限らない。詳しいことはわからないが、その党派から距離を置くほうが、菜食主義を貫き通すよりも、世界（セネカにとってはローマ社会と同義）にとっては良いことだと判断したのかもしれない。菜食主義そのものは、その人が倫理的にすぐれている証拠でもなんでもなく、それより大事なことがなければ実践すればいいだけだ。何が最適な行動かが明らかでない複雑な状況にもうまく対処できるのが、賢人の証でもある。

　エピクテトスの師であったムソニウス・ルフスはとりわけ現実的なストア哲学者として知られている。人生で重要なこと（女性も男性と同じように教育を受けるべきという考え方など）から、自宅にはどのような家具を備えるべきか（効率がよく頑丈なもの）とか、散髪について（無駄な部分は切る）など些細なことまで、弟子にいろいろな助言をした。

食事についても多くを語った。「間違った行ないや、自分の利益に反する行動に誘い込まれてしまうような享楽は多いものの、なかでも食に関する喜びはもっとも抗うのが難しい」さらにこうも言った。「食べ物を消化するつかの間の喜びを得るために、海を越えて遠方の地から多くの高価な食材を準備し、運んでこなければならない。料理人は、農夫よりも高く評価される。全財産を費やして饗宴の準備をする人もいるが、高価な食べ物を口にしても強靭になれるわけではない……食事に関しては、理性ある人々は入手が難しいものよりも簡単なものを、苦労するものよりもしないものを、ないものよりもあるものを好む[6]」

この話はわたしも身につまされる。ストア哲学者が人生における好ましい無関係をどのようにとらえているかを示す良い例だ。すでに述べたように、わたしはローマで育ち、ニューヨークに住んでいる。今は大学から与えられる研究休暇《サバティカル》を利用し、永遠の都ローマに滞在して本書を執筆中だ。ローマを選んだのは、ほぼ毎日、コロシアム、フォロロマーノなどの史跡に向かって散歩をすることで刺激を得られるというのが理由のひとつだが、家族と一緒に過ごし、そして、もちろん故郷のおいしい食事を楽しむためでもある。パートナーとは、ニューヨークにたくさんあるすばらしいレストランの食事を一緒に楽しんでいる。なかには、料理人が農夫よりもはるかに高い給料を稼ぎ、食べ物を消化するつかの間の喜びのために、海を越えた遠方の地から多くの高価な食材を準備する高級レストランもある。さて、今、わたしの選択肢は限られていて、少し気まずい。ここまでずっとストア哲学について話してきたのに、実は美食が好きな快楽主義者《エピキュリアン》であることを素直に認めて偽善者となるか、あるいは主張の一貫性を保つために、おいしい食事をあきらめ、手をつけることができないさまざまなすばらしい料理に囲まれながら、他人には楽しみのない人生だと思われるような状況に甘んじるかを選ばなければならない。

　だが、哲学を志す者が最初に学ぶことは、些細な問題以外は、明らかな二項対立などほとんどないということだ。わたしが非形式論理学を教えるときは、ふたつからひとつを必ず選ばなくてはならないと迫る人はおそらく「誤った二分法」を示している、と学生に警告する。その人は、ほかにも選択肢があることを明かしていない可能性が高い。[7] わたしの場合は、たとえば、安くて、おいしく、かつ健康的な食事はローマにあり、旬の食材を使って地元の料理人が作るため、ムソニウスの要件も満たす。もちろんニューヨークでもそのような食事を見つけることは可能だが、非常に（おそらく桁違いに）高価な食事、「美食体験」と呼んだほうがよさそうな贅沢三昧をする誘惑も大きい。そこでわたしは、ここまで、という線引きをすることにした。パートナーや親しい友人に、イレブン・マディソン・パークのような高級レストランには、行かないですむなら行きたくない、と伝えたのだ。[8] もちろん、たいがいは行かずにすむ。だが、いつもではない。大切な友人や仲間が、たとえば特別なことを祝うために、一生に一度はイレブン・マディソン・パークへ行ってみたいと言い、わたしが一緒に行かなければがっかりするのであれば、わたしも行こうと思うかもしれない。これは偽善でも、正当化でもないだろう。むしろ、異なる倫理的条件から生じた相反する必要性のバランスをとることだ。賛成できないような店を支援するか、愛する人をがっかりさせるか（ここでいう「倫理」は古代ギリシャ＝ローマ的な意味で、現代の用法よりも範囲が広い）。ストア哲学は日常の出来事に合理性を求める教えであり、この場合、合理的な行動は、妥協することかもしれない。そう、今回だけはこうした店に行くことにして、なんらかの形で埋め合わせればいい。たとえば、今年いっぱいは、地元の食材を使い、環境にも従業員にもやさしい店にこれまで以上に足繁く通う。それでも、わたしは高級店で食事をする特別な席を、居心地悪く感じるだろうか。おそらく感じるだろう。だが、マルクス・アウレリウス帝は、冗談でも皮肉でもなく、こう言った。「宮廷で生きなければならないなら、宮廷でも善い生き方はできる[9]」

　ストア哲学における倫理は、概して、わたしたちが何をするかだけではなく、現実世界をうまく生きるためにどのような資質を備えているかを重視している。わたしたちが生きる社会環境はあまりに複雑で、つねに正しい行ないをすることは難しい。そもそも何が正しいのかを理解している、といくらかの自信を持って正しいことをするのさえ難しい。わたしたちに要求されることの多くに倫理的な問題（動物側の苦痛、環境破壊、ウェイターの扱い）がある一方で、より現実的な問題もある（食事は必要だが、材料はどこから来ているのか。銀行は必要だが、どの銀行を支援すべきか)。ストア哲学とは、さまざまな葛藤に、可能な限り効率的に人間らしく対処する術を磨くことである。完璧は求めず、具体的な答えは提示しない。完璧さや具体的な答えを求めるのは愚か者のすることだ(これはエピクテトスの言葉である)。愚か者は世界を黒と白、あるいは善と悪に分けたがり、悪人と善人をつねにはっきりと区別できると考える。それはわたしたちの住んでいる世界ではない。そうではないふりをするのは危険であり、賢明ではない。

ここまでの話を踏まえて、無関係という概念と、「好ましい」「好ましくない」という区別について、ストア派の哲学をアリストテレスやキュニコス派の哲学(ヘレニズム哲学におけるふたつの重要な派)と比較しながら、もう一度考えてみよう。

アリストテレスはプラトンの弟子であり(すなわちソクラテスの孫弟子とも言える)、その哲学はややエリート主義的ながら、実践的なことが特徴だ。人生の幸福《エウダイモニア》は美徳の追求によって可能になるが、そのほかにも、健康、富、教養、さらに見た目の良さといった、わたしたちの力が及ばないことも必要だとされた。

一方、ソクラテスの弟子であり、キュニコス派の祖であるアンティステネスは、その反対の立場をとった。彼の継承者であるシノペのディオゲネスの主張はさらに過激だった。キュニコス派にとって、人生のエウダイモニアに必要なのは美徳のみ。健康な人も病人も、富める者も貧しい者も、教養のある者も無知な者も、見た目が麗しくても醜《みにく》くても関係ない。それどころか、この世の財産は美徳の邪魔になる。財産を持つと、重要ではないものに執着するようになるので、持たないほうがいい。

ディオゲネスは教えを真摯に実行した。[10]その生き方は、けんか腰の禁欲主義と呼べるかもしれない。アテネの通りで桶《おけ》に入って眠ってみせたり、人前で排便や性交をしたり（キュニコスは「犬のような」という意味であり、キュニコス派は犬儒派とも呼ばれる）、生きていくためや快適さのために必要なものはほとんど、もしくはまったく所有しなかった。ディオゲネスにはすばらしい逸話がいくつもある。ある日、喉が渇いたために器を取り出して、水を汲もうとしたときのことだ。ディオゲネスは、少年が水を手ですくって飲んでいるのに気づき、自分に嫌気がさして器を投げ捨てた。そして、子どもさえも自分より賢いのか、とつぶやいた。また別の日には、すばらしい哲学者がいると聞いてやって来たアレクサンダー大王の訪問を受けた（おそらく、桶の前にやって来たのだろう）。アレクサンダー大王が寛大にも（と、大王が思っていただけかもしれないが）、世界でもっとも力のある自分が、ディオゲネスのためにできることがあるかと聞くと、ディオゲネスは顔をあげて言った。「そこをどいていただけますか？　日の光を遮っているので」キュニコス派が尊敬されると同時に嫌われる理由がこの逸話からわかるだろう。

さて、ここで問題だ。アリストテレスは、自分の徳にほとんど、あるいはまったくよることなく獲得した多くの要件を満たす幸運な人々のみがエウダイモニアを得られると言う。

ところが、キュニコス派は、アリストテレスが挙げた要件を否定するだけでなく、そうしたものは良い人生を送る邪魔になると主張しているのである。両者の論理的な隔たりを埋めるのがストア派であり、健康、富、教養、見た目などは好ましい無関係であり、その反対のもの（および他の多くのこと）は好ましくない無関係としている。これは天才的な着想だったとわたしは思う。ストア派にとって、エウダイモニアは、誰もが到達可能な目標だ。社会的な地位、財源、健康、見た目の良さは、要件ではない。こうしたものは、徳のある人生、つまり道徳的に価値のある人間になることを追求する能力には無関係だが、徳を実践する邪魔にならない限り好ましいことには変わりない（普通の人間ならそう思うだろう）。セネカが、好ましいことと好ましくないことを、一般的な比較によって次のようにうまく要約している。「喜びと痛みの違いはきわめて大きい。選ばなければならないなら、わたしは喜びを求め、痛みを避けるだろう。喜びは自然に従うものだが、痛みは自然に反する。そう評価をすれば、ふたつのあいだには大きな違いがある。だが、美徳が問題であれば、ふたつはつねに同じであり、喜びから得られるのか、悲しみから得られるのかの違いである」[11]言い換えると、可能な限り苦しみを避け、生きる喜びを味わえばいいのだ。だが、それによって、自分の一貫性を危機にさらしてはいけない。恥ずべきやり方で喜びを味わうよりも、威厳を保ち苦しみに耐えるほうがいい。

これは現代的な経済用語を用いて理解することができる。経済学には「辞書式選好」という概念がある。[12] 辞書で言葉を並べるのと似たようなやり方で、比較できない財の交換を求めるような状況を表すことだ。比較できないのは、価値を同じ基準で測れないからである。たとえば、わたしが、カテゴリーAに属する財の一と二、カテゴリーBに属する財の三と四と五に価値があると考えたとする。一と二は比較ができ、三、四、五のあいだの比較も可能だが、カテゴリーAに属する財とカテゴリーBに属する財は比較ができない。また、カテゴリーAの財は、カテゴリーBの財に必ず優先するとする。結果として、Aに属する財同士、Bに属する財同士の交換はできるが、カテゴリーを超えた交換はできない。美徳の追求はカテゴリーAで、好ましい無関係がカテゴリーBである。Bのカテゴリー内の要件は交換可能で、金銭を教育に、良いキャリアを家族との時間へ換えられる。しかし、ストア派にとって、AとBのあいだでの交換は不可能である。つまり自分の品性を貶めるものであれば、どんなものとも交換できない。これは、美徳と健康といったように、財には不均衡があり、その場合は標準的な経済理論を適応できないことを意味する。[13]

奇妙に感じるかもしれないが、少し考えてみるだけでも、わたしたちが多くの選択において、辞書式に索引をつけていることがわかるだろう。たとえば、カリブ海のすてきなリゾート地で休暇を過ごしたいと思ったとする。休暇を過ごすことと出費をすることは辞書では同じカテゴリーにあるため、休暇を過ごすことと苦労して稼いだ金の一部を交換してもいいと考える。だが、自分の娘を売ることは休暇のためはもとより、どんな目的であってもやらないはずだ。自分の娘は辞書のなかで高い階層に属するため、休暇がどんなに楽しく必要であったとしても、交換はできない。

このストア派の考え方は、哲学用語あるいは経済用語のどちらで表現しても、わたしたちに大きな力を与えてくれる。アリストテレスの考え方を支持するなら（実はアリストテレスの哲学の多くが常識とされている）、幸運なエリートでなければ、良い人生は送れないことになる。つまり、大半の人が物質的な財を追求しながら、つねに負け犬となる。自分の幸福と価値は物質的な財を得られるかどうかによって決まると思い込まされるからだ。心理学者はこれを「快楽のランニングマシン」と呼ぶ。走り続けても、どこにも辿り着かない。一方、キュニコス派は誰もが幸福な人生を送れると考えるが、一生を桶のなかに住み、通りで排便をして過ごしたいと思う人はほとんどいないだろう。ストア派は両者の折り合いをつけた。美徳と好ましい無関係とを辞書式に対比させ、ふたつを階層が異なる交換不可能な財として説明することで、アリストテレス派とキュニコス派の哲学のもっとも良いところを取り入れて、問題を鮮やかに解決している。

6章　神か原子か？

それでは神の本質とは何か。肉体か。そんなことはない。
土地か。そんなことはない。名声か。そんなことはない。
叡智や、知識や、正しい理性である。
それでは、そこのみに善の本質を探すがいい。

——エピクテトス『語録』二・八

エピクテトスとわたしには大きな意見の違いがある。ごく基本的なことで意見を違《たが》えながらも、いかに生きるべきかについてわだかまりなく話し合うことができるのが、ストア哲学の貴重な面である。宗教を信じる者とそうでない者を、形而上学的な違いを越え、共通の倫理観によってまとめあげる余地がある。

神についての見解を聞いたとき、エピクテトスはこう言った。「剣を鞘《さや》に、そして鞘を剣に合うようにするのは誰だろうか。誰でもないのか。確かに、完成された構造から、それが名工の作品であり、でたらめに作られたものでないと誰もが思うだろう。するとこうしたものは誰が作ったかを表しているが、目に見えるものや視覚や光は表していないのだろうか。男性や女性や、一体となりたいという欲望や、そのための器官を使う能力は、それらを作った者を表していないだろうか[1]」これは、神の存在を主張するデザイン説として知られる、ごく初期（二世紀）の見事な例である。のちにトマス・アクィナスなどの著名なキリスト教神学者も、同様の例を用いている[2]。そして、おそらくもっともよく知られているのが、一九世紀の自然神学者ウィリアム・ペイリーの記述だろう。彼は、ダーウィンが『種の起源』を著す数十年前にこう書いている。

　ヒースの荒野を歩いているとき、石に足をぶつけて、その石はどうしてそこにあることになったのかと尋ねられたとしよう。わたしはおそらくこう答える。それはずっと以前からそこに転がっていたとしか考えようがない、と。この答えが馬鹿げていることを示すのは、そう簡単ではないはずだ。ところが、時計がひとつ落ちているのを見つけて、その時計がどうしてそんなところにあるのかと尋ねられたとすれば、この場合は、石について答えたときのように、おそらくその時計はずっとそこにあった、などという答えはまず思いつかない……いつか、どこかで、わたしたちが答えを見つけるために、その時計を作った者がいたはずである。その仕組みを理解し、いかに使うかをデザインした者がいたのだ……時計に備わっているあらゆる工夫、あらゆるデザインが、自然の仕組みにも見られる。違いは、自然の仕組みは大きく、豊富で、すべての計算を越えたものであることだ。[3]

この議論は、直観に訴えるような説得力があり、なぜ神を信じるのかを問われた信者の大半は、まずこう答えるかもしれない。これに対して、無神論者はつねに力を結集して反論する。本書は弁証学を論じるものでも、無神論について語るものでもないので、読者のみなさんをなんらかの形で説得するつもりはない。だが、わたし自身の意見を述べなければ、わたしは自分の考えに正直であるとは言えないだろう。エピクテトスとの対話で自分の考えを明らかにしたのだから。すぐれた哲学者、そして、理性のある人々が概して行なうのは、相手の主張を注意深く聞き、学び、熟考し、さらに語り合うためにビールを飲みに出かけることである。

エピクテトスの議論は（アクィナスとペイリーの議論も）、一八世紀と一九世紀にはきわめて合理的だったというのがわたしの意見だ。当時、頭脳明晰なふたり（ひとりは哲学者で、もうひとりは科学者）が、デザイン説という見解から、力強いパンチをふたつ繰り出した。そのパンチは、ノックアウト勝ちという結果にはならなかった（哲学ではそういったことはほとんど起こらない）。そして、今でも神学者や哲学者の多くと、わずかな科学者たちが強力に擁護しているものの、デザイン説は魅力を失ってしまったように思う。

　デザイン説に対して説得力のある攻撃を最初に行なったのは、デイヴィット・ヒュームだ。彼はこう記している。「わたしたちは家を見れば……それを作った建築家あるいは建造者がいると大きな確信をもって判断する。なぜなら、それはまさにわたしたちがそうした原因からそうした結果が生まれるのを経験したことがあるからだ。しかし、原因が同じだと確信をもって推測できる、あるいはすべてが完全に似ていると言えるほど宇宙と家が似通っている、とは言い切れないだろう」[4]ヒュームの論点は、とらえにくいが重要である。類比《アナロジー》からの議論（デザイン説はその一例）はきわめて問題が多いというのがヒュームの主張だ。アナロジーはつねに不完全で、誤解を招く場合がある。

　さらに、ヒュームは次のように指摘している。作られたものを見て、わたしたちはそれを人間が作ったものだと推論する。なぜなら、実際に人間が作ったのを見たか、あるいは、人間が作ったという明らかな証拠があるからだ。だが、宇宙については、それが作り出されたのを見ていないし、そもそも創造主の存在に関して何も知らない。まさしく、これこそが論点である。宇宙はいかに生まれたのか。さらに、創造主というものが存在するのであれば、その特性はどのようなものなのか。ヒュームは、やや冗談めかして（当時は危険なことだったが）こう続けた。もしわたしたちが、人間と宇宙を設計した創造主が似ていると本気で考えるのなら、創造主は次のような特性を有することになるだろう。すなわち、何人も存在する、間違いをおかしやすい、死を免れない。だが、どれも標準的なキリスト教による説明に当てはまらない。

ヒュームはデザイン説に強く反論した。その議論は、こんにちでも哲学の入門コースで教えられている。しかし、ヒュームには大きな見落としがあった。世界に、とくに生物界における否定できないデザインの存在に対して、デザイン説の代わりとなる説明がないことだ。この足りないピースは、一世紀もたたないうちに、生物学者チャールズ・ダーウィンが発見した。ダーウィンの自然淘汰による進化論は、なぜ目や手や心臓や肺が時計や剣のようにまるで誰かがデザインしたかのごとくすぐれた機能を持っているのか、また、それでいながらこうした器官が知性《インテリジェント》あるデザインを必要としない自然現象の産物であることの科学的説明として、今でも受け入れられている。さらに、ダーウィンは、デザインの存在に対する説明を、世界に存在する苦しみと結びつけた。世界になぜ苦しみが存在するかは、盛んに議論され、いまだ答えの出ない疑問である。ダーウィンは、よく知られた手紙のなかで、こう説明している。「わたしは、ほかの人のように簡単には、そして、自分自身が望むようには、デザインの証拠やわたしたちのあらゆる面における恩恵を見ることができない。世界にはあまりに多くの不幸があるように思う。ヒメバチがイモムシを内部から食い尽くすよう明らかな意図をもって創造したり、ネコがネズミをいたぶったりするのを情け深い全能の神が決めたとは納得できないのだ。それを信じなければ、目が特別にデザインされたと信じる必要はないと思う[5]」

もちろん、エピクテトスは、ヒュームやダーウィンの書を読んだことがない。そこで、わたしはダーウィンの手紙の最後の文章をエピクテトスに示した。するとエピクテトスは、まさにストア哲学者という答えを返してきた。あるとき、脚に怪我をした弟子が不満を漏らしたそうだ。「それでは、わたしの脚は一生、治らないのですか」エピクテトスは淡々と答えた。「奴隷よ、きみはその惨めな脚一本のせいで、宇宙を非難するのか[6]」（エピクテトスは、わたしのことをよく「奴隷」あるいは「坊や」と呼んだ。政治的に正しい表現ではないが、どちらの呼び方も親しみを感じさせてくれて、不快ではない。エピクテトスも奴隷だったし、わたしは彼と比べるとかなり若いからだ）

これはストア派の基本原理の重要な一面なので、少し注意深く考察するべきだろう。記録によると、エピクテトスはストア派のなかでもかなり信心深かったのは間違いない。だが、神が人間に関する小さなことすべてに気を配るべきだとは、考えていなかった（ヒメバチについては言うまでもない――エピクテトスがヒメバチを知っていたとして）。自分の脚が痛まないよう、宇宙が再構築されるべきだと考える厚かましさに対して皮肉を言ったことからもそれは明らかだ。さらに言えば、ストア哲学者の多くは、現代の一神教のような概念を信じていなかった。彼らが好んだのはロゴスである。ロゴスは、神の言葉とも解釈されるし（ストア哲学から多くを受け継いだキリスト教徒はそう解釈した）、宇宙の基本構造に組み込まれた神の摂理、あるいは、宇宙がどのように生まれたにせよ、それを論理的に理解するための明快な観察とも考えられる。エピクテトスは弟子たちに、神を外的なものであるとか、そういったものが存在するとかとは考えていないことをはっきりと語っている。「きみたちは主要な作品であり、神の一部である。神の一部がきみたちに宿っている……きみたちは神を持ち歩いている。だが、気の毒にも、それを知らないのだ。きみたちはわたしが金銀でできた外的な神を意味していると思っているのか」[7] つまり、ストア哲学は汎神論（あるいはおそらく万有内在神論）、すなわち、神こそが宇宙であり、わたしたちはすべて神の本質の一部だという考え方を支持している。[8] 人間と他の動物との違いは、人間が宇宙である神の、最高の特質である理性を備えていることだ。そのため、理性を使って問題と向き合うことが正しい生き方である。

神は自然とともにあるという考え方には長い歴史があり、一七世紀のオランダの哲学者バルーフ・スピノザによって大きく発展した。この概念はときに「アインシュタインの神」と呼ばれる。アインシュタインも同様の意見を表明したからだ。この神の概念については、ふたつの点に注目する必要がある。ひとつは、神は奇跡を起こさないということだ。神は一部分の間違いを正すために、あちこちに干渉して自然の法則を一時的に止めることはしない。それに関連して、もうひとつは、この神の概念と、宇宙は原因と結果の複雑な関係によって機能しているという（ストア派によって作られた）単純な認識とのあいだに、実際にはほとんど違いがないということである。このまさに現代的な概念は、わたしたちの世界に対する科学的な見方と合致する。よって、足を怪我した弟子に対するエピクテトスのどこかふざけた答えはふた通りに解釈できる。ひとつは、神は些末なことではなく宇宙の仕組み全体に心を砕いていているので、個人が自分の問題について文句を言うのは厚かましい、ということ。また、もうひとつは、怪我は原因と結果の連続によるものであり、怪我をした弟子の幸せはまったく考慮されていないため、結果について抗議をしても無駄だということだ。いずれにしても、そうでなければよかった、と願うことは、動かない脚のために宇宙を非難していることになる。さらに、そんな嘆願はもちろん、コントロールできることとできないことを区別するという、エピクテトスの教えの基本をおかすことになる。

エピクテトスはわたしの質問に答えて、神に関して異なる見解があることに気づいてはいるが、そのうちのひとつだけが意味を成すと主張した。

神々について、神など存在しないと言う人もいれば、神は存在するが、何もせず、何にも関心を持たず、何も考えないと言う人もいる。また神は存在し、考えもするが、それは大事なことと天にあるものについてだけであり、地上についてではない、と言う人もいる。さらに第四の人々は、神は地上のものや人間についても考えるが、全般的に考えるのであり、個別のことについては考えないと言う。また、オデュッセウスやソクラテスなどの第五の人々は、「どこへ動こうとも、汝は見ている」と言う。もし神々が存在しないのであれば、神々に従うことがなぜ人間の目的になり得るのか。神々が存在しながら、何も気にかけないというのであれば、その場合も、神々に従うことがなんの役に立つのだろうか。[9]

この散文を味わいつつも、わたしはエピクテトスに、ストア哲学では人間の究極の目的を神々に従うことだとは考えていないのではないかと確認した。これはエピクテトス独自の解釈だ。これまで見てきたように、エピクテトスを含めたストア派は、わたしたちは自然に従いながら生きるべきだと述べている。これを神々に従うのと同じだとみなすならば、まず自然と神々との関係を明確にするべきだろう。しかし、エピクテトスはそうしていない。実際、この点については、ストア派のなかにおいても、ライバル学派であるエピクロス派とのあいだでも意見が一致していない。エピクロスの信奉者たちは「無神論者」と言われることが多いが、決してそうではない。彼らはこんにちでは理神論者と呼ばれ、エピクテトスの分類では三番目のグループに属する。彼らによると、神は確かに存在するが、崇高な意図を遂行するだけで、地上や人間のことには注意を払わない。エピクロス派にとって、世界は互いに衝突し合う原子の無秩序な集まりから成り立っている。人間は理性を使うことができるものの、決断や行動を自由にできるわけではない。神の摂理ではなく、物理的な力の影響にとらわれている。

ストア派にはこの考え方を認める者もいた。一方、エピクロス派の考えを取り入れ、哲学は宗教ではなく、聖典も持たず、絶対的な教義に従うものではない、ととらえる者もいた。それに対し、セネカは「真実はわたしのものである」と言い、友人であろうと敵であろうと、理性的な人は真実を明らかにすると述べた[10]。

神に関するエピクテトスの見解に同意しつつ、より柔軟な考え方を示したストア派の哲学者のひとりが、皇帝マルクス・アウレリウスだ。アウレリウス帝が神を信じていたことは確からしい。だが、神について言及したいくつかの資料によると、信仰というよりも、敬虔な姿勢を示しているように思われる。たとえば、次のような記述がある。「良き祖父、良い両親、良き妹、良き師、良き知人、良き親類や友人たちを持つことができたのは神々のおかげである[11]」しかし、一方で、はっきりとこう述べている。「今すぐに人生を去ることが可能であればこそ、そのつもりで行動し、考えること。しかし、人々のもとから去るとしても、もし神々が存在するならば、少しも怖れることはない。なぜなら悪に取り込まれないように神々が守ってくれるだろうから。だが、もし神々が存在しないなら、あるいは、もし神々が人間のことなど気に留めないのなら、神々の存在しない宇宙、神々の摂理のない宇宙に生きることになんの意味があるだろう。しかし、神々は存在する。人間のことを気にかけておられる。そして、人間が真に悪に陥ることがないよう、すべての力を与えてくれたのだ[12]」

アウレリウス帝は、『自省録』において何度も何度も、宇宙が神（どのような姿であれ）の支配下にあろうが、無秩序な原子の集まり（エピクロス派の考え方）に支配されていようが関係ないと述べ、エピクテトスほど形而上学的な疑問にかかずらっていないことを示している。たとえば、次のような記述がある。「きみは船に乗り込み、航海をし、岸に着く。船から下りよう。これまでとは違う世界へ行くのだとしても、そこに神々の不在はない。しかし、無感覚な状態になるのだとしたら、もはや苦痛も快楽も感じることがなくなる[13]」さらにこうも述べている。「宿命的必然か、揺るぎのない秩序か、慈悲深き摂理か、または目的も導き手もいない混沌がある。揺るぎのない必然であれば、なぜ抗《あらが》う？もし慈悲深い摂理ならば、自分を神の助けに値するものにするといい。しかし、もし導き手もない混沌であるなら、大嵐のなかで自分自身がすぐれた理性を有していることを喜ぶがいい[14]」まさしく学派を越えた考え方を表していると言えるだろう。

エピクテトスの神についての考え方とわたしの疑問を並べてみると、ストア哲学探求の航海の友として、なぜわたしがエピクテトスを選んだのかを不思議に思うかもしれない。

神に対するストア派の考え方は控え目に言っても曖昧であるのに、信仰心がない者がなぜ、ストア哲学に興味を持ったのか、と訝《いぶか》るのももっともだ。その答えは、ストア哲学がこの二一世紀に魅力ある哲学となっている理由の核心である。

新無神論[15]が論じられるずっと以前から、わたしは生意気な無神論者だった。テネシーに住んでいた頃は、天地創造説を信じる人たちはローマ出身の世俗的な教授に啓蒙されるのを待っている田舎者に過ぎないと確信し、地球は誕生後まだ何千年かしかたっていないと信じる多くの人たちと議論をした。[16]だが、わたしは間違っていた。地球の年齢についてではない。その点に関しては、わたしの科学的知識によって彼らの宗教的教義を打ち負かす自信がある。だが、問題は全体的なやり方だった。最初に気づいたのは、当時、天地創造研究所（そんな研究はしていない）の副所長だったデュアン・ギッシュと討論をしたあとだった。その晩、ギッシュに見事な打撃をいくつか与えたと考え、ひとり悦《えつ》に入《い》っていた。ところが、討論後、ギッシュの支持者が何人も近づいてきて、礼儀正しい態度でこう言った。「いまだにあなたが正しくて、聖書が間違っているとは思えませんが、今夜、ギッシュ博士と、適切な姿勢で討論をしてくださったことに感謝します」わたしが認められたのは、科学的な根拠にもとづいたすぐれた議論をしたからではなく、彼らが予想していたような非礼な態度を見せず、まっとうな人間として振る舞ったからだった。

キリスト教徒でも、他の宗教でも、数多くの信者たちと何度か出会ううちに、こういったことが何度かあった。さらに、日常においては、わたしの行動と彼らの行動にはほとんど違いがないこともわかった。原理主義者と大きく異なる、主流の宗教家について話すときも、倫理や政治における重要事項に対する意見にはそれほど違いはなかった。わたしの意見は無神論からの立場のもので、彼らの意見は信仰から生まれているというだけだ。哲学用語を使って言えば、わたしたちの形而上学の違いは、人生で大切だと思うことや、他人に対してどう振る舞うかに大きな違いを生まないということである。もしそうなら、信頼する対話者から離れて、新無神論者たちのテントで過ごす必要はない。原理主義者の教会が誰でも歓迎するわけではないのと同じように、新無神論者たちのテントに誰でも入れるわけではないからだ。

これがストア哲学とどう関係があるのだろうか。わたしがストア哲学に最初から引きつけられている理由のひとつが、ほかの人がストア哲学の弱さだと考えているものだ。ストア派のロゴスの解釈は曖昧である。すなわち、ストア派は、大きなテントを張って無神論者から不可知論者、汎神論者や万有内在神論から有神論者まで、それぞれの形而上学の見解を他人に押しつけない限り、誰でも歓迎するのだ。キリスト教徒でも、イスラム教徒でも、ユダヤ教徒でもかまわない。ロゴスを、宇宙を作った人格神のおもな特質としてもいいし、神はあらゆるところに存在し、自然と同じだととらえてもいい。そうであれば、初期ストア派と、彼らが唱える宇宙の理性的原理の概念をすんなり受け入れられるだろう。

不可知論か、無神論を支持している人には、ロゴスは、宇宙が論理的に体系化されているという疑いのない事実を表すものになる（そうした体系がデザイン説によるものか、冷淡な原因と結果によるものなのかはまだ分かっていないが）。もしそうでなければ、論理学や数学や科学そのものが、無用なものとなる。だが、あなたはそういったものを信じているのではないだろうか。

これは、思考停止状態とか、政治的な正しさとか、両立不可能なものを両立させるとかについての助言ではない。人生で大切なのは良く生きること、そしてその目的、すなわち古代の人々が求めたエウダイモニアには、神が存在するかどうかはあまり関係ないということだ。もし神がいるとしても、神の特質がどのようなものかは関係ないのだ。キケロは賢明にもこう述べている。「哲学には、これまで十分に解明されていない問題がたくさんあるが、なかでも神々の本質に関する問題は、とりわけ謎が多く、難しい……この問題に関しては、学識の高い人々の意見があまりにも多様で、また異なるため、哲学は無知から生まれたという言葉に納得させられる」[17] これは二〇〇〇年前に正しかったし、近年、どのような言説があったとしても、こんにちでも正しい。この点については合意がないことに合意し、うまく共存して良い人生を送るのが得策のように思うのだが、どうだろうか。

2部

行動の原則　世界においていかに振る舞うか

7章　人格（美徳）の重要性

ひとつ言っておこう。自分の意志を売るなら、どのくらいの価値があるかを考えること。安売りすることだけはやめたほうがいい。

――エピクテトス『語録』一・二

ある晩、エピクテトスはお気に入りの逸話のひとつを述べた。哲学上の大きな論点について述べるとき、頻繁に用いられる逸話であり、ローマの政治家であるヘルウィディウス・プリスクス（ストア派の哲学者でもある）の物語だ――彼は並外れたスタミナと、やがて見放されるとも知らず運にも恵まれ、代々の皇帝――ネロ、ガルバ、オトー、ウィテリウス、最後にウェスパシアヌスの治世下に暮らしていた。エピクテトスによると、元老会議へ出席しないように、と皇帝ウェスパシアヌスから言われたときに、こう答えたらしい。

「『あなたはわたしが元老議員であるのを禁じることはできます。ですが、わたしは元老議員である限り、行かねばなりません』すると皇帝は言った。『よろしい。だが、発言はしないように』『ではわたしに何も訊かないでください。そうすれば黙っていましょう』『だが、わしは訊かねばならぬ』『では、わたしも正しいと思うことを言わなければなりません』『もしそうするなら、わしはきみを殺すことになる』『わたしは自分が不死身だと言ったことはありません。あなたはあなたのすることをすればいいし、わたしはわたしのすることをします。あなたがするのは殺すことであり、わたしがするのは怖れずに死ぬことです。あなたがするのは追放することであり、わたしがするのは、不平を言わずに立ち去ることです』プリスクスは、ただひとり、どのような立派な行ないをしたというのか。紫は布に対してどのような働きをするのだろうか。単に紫であることだ。紫であることで、他と差をつけ、他にとって良い手本となる」[1]

はたして、ウェスパシアヌスはプリスクスをローマから追放し（プリスクスが追放されたのは二度目だった）、まもなく殺害を命じた。「プリスクスは、ただひとり、どのような立派な行ないをしたというのか」という問いに対する答えは、明らかでありながら難しい。ウェスパシアヌスとの対立は、プリスクスの身に、良くない結果をもたらしたと言える。プリスクスは共和主義を熱心に支持し、ウェスパシアヌスを皇帝と認めていなかったが、当時はすでに共和主義の大義が失われていた。プリスクスの死は他の者にも影響を及ぼした。ヘレンニウス・セネキオ（フラウィウス朝の、のちの皇帝ドミティアヌスと対立したストア派のひとり）は、プリスクスの妻ファニアから、殺害された夫を称える演説を書くよう頼まれ、その結果殺された。だが、「他と差をつけ、他の人々の立派な手本となる」と言って、エピクテトスが勇気と名誉について語ったこの逸話は重要である。自分の主張を貫いて命を落としたヘルウィディウス・プリスクスのような人物は、二〇〇〇年たってもなお、わたしたちに畏敬の念を起こさせる。

それ以後も、そして現代も、哲学の徒に対して語られる物語は数多くある。主人公の名前や起こった出来事は違っても、そうした話は、良きにつけ悪しきにつけ、人間性というものがローマ時代から少しも変わっていないことを示している。一例がマララ・ユスフザイだ。彼女の話はよく知られていると思うが、今一度、紹介しよう。マララは一一歳のとき、タリバンが、パキスタンのスワート渓谷地方で女子教育を弾圧していることをBBCのブログに匿名で書きはじめた。マララの家族はその地で学校を経営していたのである。その後、マララは《ニューヨーク・タイムズ》紙で紹介された。それによって名前が知られるようになると同時に、タリバンの標的にもなった。二〇一二年一〇月九日に、ひとりの臆病者がスクールバスに乗りこんできて、マララを探し出し、銃で三度、撃った。だが、マララは奇跡的にもこの試練を生き延びて、怪我から完全に復活した。

このすさまじい体験談だけでも、マララは、プリスクスや、過去十何世紀にもわたり、さまざまな国において、抑圧や蛮行に屈せず立ち上がろうとした人々と同列に語ることができるだろう。だが、それはマララにとって始まりにすぎなかった。マララは、自分自身と父親のジアウディン・ユスフザイに対してタリバンがさらに脅しをかけたにもかかわらず、公然と、声高に、若い少女たちには教育が必要であることを訴え続けた。その活動が、パキスタン初の教育権利法制定の一助となった。そして、二〇一四年、一七歳のときにノーベル平和賞を史上最年少で授与された。マララは間違いなく、長く、エウダイモニア的な一生（とわたしは願っている）をかけて闘い続けるだろう。マララは大きな変化を起こしたのだろうか。その通り。現実において（その点ではプリスクスより幸運だった）、またロールモデルとして、実に「立派な手本」となった。

だが、本章は、ロールモデルについてではなく（それについてはのちほど論じる。ストア哲学ではとても重要な部分である）、人格の重要性と、それに関連して美徳について考える。こんにち、人格と美徳というふたつの言葉は、とりわけアメリカでは、政治における右派と左派といった明確な分断につながる。保守派は、実際には美徳を実践していなくても、人格や美徳について語りたがる傾向にあり、一方、リベラルは、反射的に、そうした価値観はあからさまとも言える抑圧の手口だと考える。さらに、キリスト教が誕生して二〇〇〇年が過ぎた現在、キリスト教的な意味での「美徳」と、キリスト教に影響を与えたギリシャ＝ローマ的な「美徳」を混同しないようにするのは難しい。それでも、その区別は重要であり、政治的な違いを越えて、人格と美徳の概念に立ち返ることを可能にすると思うし、保守派とリベラルは共存できると思う。それぞれが大切だと主張する価値を本当に大切にするのであれば、互いを受け入れるべきである。

まず、すでに論じたストア哲学の四つの基本的美徳と、現代のキリスト教的美徳について考えてみよう。それから、そうした美徳、あるいはそれによく似た望ましい人格（それこそが美徳である）が長い時代と文化を越えて一貫している実例を見ていく。少なくとも、こうした特質が、文化を持つ社会的な種である人間にとって真に大切なものであるという考えを、あなたはより強くするだろう。

ストア哲学者は、美徳の概念をソクラテスから得ている。ソクラテスは、美徳とは同じように内面的な特質である知恵の別の面だと考えた。知恵が「最高善」である理由は、ソクラテスによれば単純明快だ。知恵は、どんな状況下でも良いものとなる、唯一の人間の能力だからだ。[2] 他の好ましい性質は、ある状況では良いものだが、状況が変われば犠牲にされる。もちろん、裕福は貧乏よりもいいし、健康は病気よりもいいし、教育があるのは無学よりもいい（これらは好ましい無関係と好ましくない無関係の基本的な組み合わせである）。だが、わたしたちはこうしたすべてに対処する必要がある。言い換えれば、知恵、すなわち、人生における、複雑で矛盾したさまざまな状況をうまく乗り切る能力を持たなければならないのだ。[3]

ストア哲学者は、（実践的な）知恵、勇気、節制、公正さというソクラテスが分類した四つの美徳を取り入れ、人格の特性に緊密に関連づけている。実践的な知恵は、エウダイモニア、すなわち人生の徳を高めるような判断を可能にする。勇気は行動を意味することもあるが、より広く、道徳的側面のことでもある。たとえば、プリスクスやマララのように、困難な状況においても立派に行動する能力だ。節制は、欲望や行動が過剰にならないように自分を制することである。公正さは、ソクラテスやストア哲学者にとっては、社会がどのように運営されるべきかといった抽象的な理論ではなく、いかに尊厳と公正を重んじて他者に接するかということだ。

ストア哲学（またはソクラテスの哲学）の美徳に関する概念の重要な特色のひとつは、それぞれが単独では実践されないということにある。つまり、ストア哲学的あるいはソクラテス哲学的には、勇敢な人が節度を欠くということはない。戦場では勇敢であっても酒に溺れる短気な人間というのは容易に想像できるが、ストア哲学ではそういう人は美徳を有するとは見なさない。美徳は「全か無か」だからだ。ストア哲学の要求はなかなか厳しい。

それでは、キリスト教とソクラテスの美徳との関係は？　キリスト教はソクラテスの美徳の概念を受け入れ、それをさらに拡大した。歴史を通じてもっとも影響力のあるキリスト教神学者のひとりであるトマス・アクィナスは、一二七三年に出版した『神学大全』において「七元徳」という観念を発展させている。ストア哲学の四つの美徳に、パウロが提唱した三つのキリスト教的な美徳、すなわち信仰、希望、慈愛を加えたのである。それにより、四つの枢要徳と三つの対神徳から成る七元徳という概念が生まれた。枢要徳のなかでは知恵がもっとも重要（ソクラテスの考えと同じ）だが、枢要徳の上に位置づけられるのが対神徳で、慈愛が最上位とされる。

他の文化は、多かれ少なかれ、社会的に重要な人格の特色として、独自の美徳の概念を発達させ、その位置づけを決めてきた。だが、興味深いことに、異なる文化のあいだには越えがたい差異があるという文化相対主義を基準に考えるべき時代とされながら、予想以上の一致が見られるようだ。キャスリン・ダルスガード、クリストファー・ピーターソン、マーティン・セリグマンによる研究では、仏教、キリスト教、儒教、ヒンドゥー教、ユダヤ教、道教、「アテネの哲学」（おもにソクラテス、プラトン、アリストテレスの哲学）において美徳がどのように記されているかを調べている[4]。その結果、これらの伝統的な宗教や哲学のすべてに多くの一致が見られ、六つの「中核となる」美徳が明らかになった[5]。

勇気――外的、内的な抵抗に直面しながらも目的を達成しようとする意志の強さ。勇敢、忍耐、真正性（誠実さ）など。

公正さ――健全な地域生活の基礎となる市民としての強さ。公平性、リーダーシップ、市民権、チームワークなど。

慈悲心——他者を「気にかけたり、助けたり」する対人能力の強さ。愛情、親切心など。

節制——過剰なことから身を守る強さ。寛容、謙虚、思慮深さ、自制心など。

知恵——知識の習得や活用に伴う認知能力の強さ。創造性、好奇心、判断力、大局観（他人に助言をする）など。

超越性——森羅万象につながりを見出し、それに意味を持たせる強さ。謝意、希望、精神性など。

六つのうち四つは、ストア哲学の美徳とほぼ同じだ。「慈悲心」と「超越性」は、ストア哲学でも重要なものとされているが、美徳ではなく、他者に対する姿勢（慈悲心）と森羅万象に対する姿勢（超越性）ととらえられた。人間に対する姿勢は、オイケイオシスとヒエロクレスの同心円の概念に組み込まれ、キュニコス派とストア派の世界市民主義《コスモポリタニズム》の概念の中心となっている。つまり、家族や親族に対する思いやりを、友人、知人、同国人、さらに人類全体へと広げるべきだという考え方だ（知覚を持つ動物の苦痛も思いやるべきだと示唆したストア派の哲学者もいる）。

超越性については、ストア哲学のロゴスは、宇宙とわたしたちの関係、さらに宇宙におけるわたしたちの場所に対する考え方を含んでいる。たとえば、マルクス・アウレリウスはつねに瞑想を行なうのを忘れないようにしていた。「ピタゴラス学派の人々は、早朝に空を仰ぎ、つねに同じことを同じ方法で行ない続ける天の物体を思い起こし、その純粋さと飾り気のなさを思い起こすようにと言う。なぜならば星を覆うものはないからである」[6] わたしは最後の一文の詩情が好きだ。旅行中、世界のさまざまな土地で早朝の瞑想をすると、いつも穏やかな気持ちになり、忙しい毎日のなかで忘れがちな、わたしたちが住む宇宙の大きな存在を感じる。

さて、話を美徳に戻そう。ここで論じたいのは、ストア派の哲学者が伝統的宗教や哲学が理解していなかったことを正しく理解していたということではなく、哲学を発展させた人間社会では、美徳と呼ばれるものがとても似通っていたということだ。そうした一致が初期の人類の生物学上の進化に根差しているかどうかを論じるつもりはない。だが、比較霊長類学の研究によると、多くの霊長類が、わたしたちが「道徳的」と呼ぶような順社会的行動をすることがわかっている。ダルスガードと共同研究者もまた、彼女らの研究と同様の結果が、北部グリーンランドのイヌイットや西部ケニアのマサイ族など文字を持たない社会の少数例に見られることを補足している。生物学的、あるいは文化的に、もしくはその両方であろうと、異なる宗教や哲学の伝統に根差した異なる人間社会がすべて同じような中核となる性格特性を高く評価し、そして、それがストア派が二〇〇〇年以上にわたって教えてきた特質や姿勢と一致するということだ。

昨今では、「人格」という言葉に対する反応が、政治的に保守かリベラルかを明らかにする簡便なリトマス試験紙になっていることを先に述べた。保守派は学校、家庭、国全体においてふたたび徳を強調するべきだと主張し、リベラルは、白人男性の特権、家父長制などを維持するためのあからさまな試みだとして拒絶する。それはとても残念だと思う。文化を越えて、人格が高く評価されている証拠があるのに、現代の西洋世界においては、人格という概念が、なぜ政治的に偏った考え方と結びつくのだろうか。エピクテトスや古代の人々は、人格が心理的発達を通して育まれ、個人のアイデンティティの基本となるものだと考えた。「『元老院の議員服を脱いでぼろをまとい、その人格として現れるといい』どうだろう。それでもわたしは気高い声を与えられていないだろうか。それでは、きみは今どの人格で現れているのか？[7]」元老院議員のトゥニカ（古代ローマ時代に広く着用されていた上衣）だろうが、ウォール街で働くビジネスパーソンのスーツだろうが、大学教授が着る肘当てつきのツイードのジャケットだろうが、何を着たとしても、人間の真価は中核、すなわち人格にあり、人格は、わたしたちが社会で、選択か、偶然か、必要性によって担うことになる役割に応じて変わることはない。エピクテトスはそのことを思い出させてくれる。

つまり、人格を育てるためだけでなく、他者の人格も評価できるようになるために、社会生活において人格は不可欠なのだ。それについては、キュニコス派のディオゲネスのすばらしい逸話がある。ある日（おそらく本格的に哲学に身を投じる以前の、こともあろうに両替商だった頃）、ディオゲネスは紹介状を求められた。彼は相手に向かって言った。「あなたが人間であるのは見ればわかる。だが善人か悪人かは、それを見分ける技量があるならわかる。その技量がなければ、紹介状を一万枚書いてもわからないだろう」[8] エピクテトスはわたしのために、さらに詳しく説明してくれた。「ドラクマ（古代ギリシャの通貨）が紹介状を求めているようなものだ。相手が銀貨を鑑定できる人ならば、自分自身を紹介すればいい。つまり、わたしたちは生きていくために自分を導く能力が必要なのだ。銀貨の鑑定者が『どんな通貨を持ってこようと、わたしは鑑定できる』と言うようなことをわたしも言えるように」言い換えれば、人格は最上の名刺のようなもので、人格を判定する人と会うときは、それさえあればいいのである。

そんなことを、二〇一六年のアメリカ大統領予備選挙の展開を見ながら思った。ほぼ同時期に、イタリアではローマ市長選を含む地方選挙が行なわれていた。ふたつの国の選挙に対して共通して感じたのは、ショックと失望だ。ディオゲネスなら、右派であれ、左派であれ、両国の候補者の大半（必ずしも全員ではない）について、人格が明らかに欠けていると思ったはずだ。確かにキュニコス派の設ける基準は、たいがいの人にとってはあまりに高いものだが、高邁《こうまい》な理想と厳しい現実との隔たりは、とてつもなく大きく思えた。

また、候補者の何人かは当選し、そのうちのひとりが、世界最強国の大統領になることを考えると、どうしても穏やかな気持ちではいられなかった。

公平に見れば、実際に会ったことも、交流を重ねたこともない候補者たちの人格を判断するのは容易ではない。だが、目立つ公人なら、現代のメディアを通して、何を言ったか、どう言ったか、とくにどう行動したかといったことから、重要なカギを集められる。それらから判断すると、件《くだん》の候補者たちには勇気あるいは節制といった特質が見られず、公正さに対する態度は曖昧で、美徳のなかで間違いなくもっとも重要な、実践的な知恵に驚くほど欠けているように思えた。

人格を見れば、政治においてどのような役割を果たすかが予測できる。保守派は特定の政策を犠牲にしても、候補者の人格を強調する。リベラルはその逆だ。だが日常の政治においては、二者のあいだにはっきりした区別はない。わたしは、大統領候補や市長候補が、当選後に直面する重要な問題についてどう考えているのかを知りたい。気候変動、外交問題、政治的および経済的不平等、個人の権利などについてどう考えているのか。だが、就任すれば、運命に突きつけられる複雑な政治的、経済的、社会的状況に対処しなければならないし、そうした状況をうまく切り抜けるには、たとえ理論的には健全であっても、どこに向かうのかといった一般論だけでは不十分なのは明らかである。実際に必要となるのは、まさに基本的な美徳だ。つまり、困難な状況下でも正しいことをする勇気、過剰を抑える節制、みずからの決定によって人々にどのような影響があるかを考慮できる公正さ、そしてもちろん、不安定で絶えず変化する状況に対処するための実践的な知恵だ。

エピクテトスはこの点について船旅の比喩を使って語った。

船漕ぎが船を転覆させるには、船を救うのに必要なものはいらない。風から少し遠くに帆を向ければ、遭難する。故意でなくても、少しぼんやりするだけで、遭難する。人生も同じである。目を開け、ほんの少しでも居眠りをすれば、それまで集めたものをすべて失ってしまう。目を開け、与える心像に注意するがいい。守るものは、些細なものではなく、自尊心、名誉、忠誠心、心の平穏、困難や不安や煽情に動じない平常心、ひと言でいえば、自由である。それを何と引き替えに売ろうというのか。代わりに手に入れるものにどれほど価値があるのかを考えてみるといい。[9]

公的な立場にある人も、わたしたちひとりひとりも、美徳と人格を育てる必要がある。だが、国全体であろうと、個人の人生であろうと、わたしたちが舵をとる船を転覆させないよう、警戒を怠らないこともまた必要だ。わずかな油断でさえ大きな失敗につながる。とりわけ、誠実であることの価値を知らなければならない。それを手放すとなれば、安く売るべきではない。そう言われると、つい政治的スキャンダルや汚職のことを考えてしまうかもしれないが、もっと身近なことから始めるといい。わたしたちの行ない、利便性のために無意識のうちに倫理的基準を逸脱する傾向、必要なときに勇気を出せないこと、ほぼ理論上にしか存在しない公正さ、節制に対する嘲笑、人生が投げかけてくるものに対して働かせる知恵が限られていることなどをまず正すべきだろう。

8章　大事な言葉

これを示せば、相手は過ちを進んでやめるだろう。だが、それを示さない限り、その人がそれを続けても不思議はない。その人はそれが正しいと思ってやっているのだから。

——エピクテトス『語録』二・二六

少し前に、わたしはテアトロ・ギオーネに出かけた。ローマ旧市街のあちこちにある多くの小劇場のひとつだ。上演されていたのはエウリピデスの古典的悲劇『王女メディア』で、紀元前四三一年にアテネのディオニュソスを祀る祭で初めて発表されたものだ。初演はうまくいかず、エウリピデスはその年のコンテストで最下位だった。だが、エウリピデスは最後に笑うことになる。そのときは優勝したものの、その後ほとんど忘れ去られたライバルのエウポリオンの作品とは異なり、『王女メディア』は二〇世紀にもっとも多く上演されたギリシャ悲劇になったからだ。

わたしが観た夜は、イタリアのすばらしい女優バルバラ・デ・ロッシが主役だった。メディアを演じるのは非常に難しい。妻を捨てて地元の王家の娘と結婚した夫イアソン（アルゴナウタイの冒険のイアソンと同一人物）に復讐するためにわが子を殺すという人物に対して共感を呼び起こさなければいけないからだ。劇の終わりで、コロス（古代ギリシャ劇の合唱隊。筋の解説や批判をする）は衝撃のあまり（アテネで初演を観た市民もおそらくそうだったろう）、舞台で起こることをうまく説明できない。

神意はさまざまな姿をとって現われ、
しばしば神々は、思いもよらぬことを成就したもう。
思い設けたことは成らず、思い設けぬことも、神の力はこれを果す。
かくの如きためしとはなった、今日のことも。[1]

（『ギリシア悲劇全集5』岩波書店、松平千秋訳）

デ・ロッシは申し分なかったが、称賛の多くは、エウリピデスが、複雑に絡み合う人間

の愛と憎しみの強烈な感情を見事にとらえた点に向けられた。ご存知の通り、メディアは自分が住む国からかつて金羊毛を盗むイアソンを助ける過程で、父を裏切り、弟を殺した。それは愛のためでもあり、同時に自分が住む「未開の国」から文明の開けたギリシャに逃げ出すためでもあった（作者はギリシャ人であったことを思い出してほしい）。この作品が興味深いのは、女性蔑視と外国人嫌いの物語（メディアは女性であり、異国の人でもある）とも、家父長制社会における女性の戦いを描く原始フェミニストの物語とも読める（実際そのように読まれている）ことである。

メディアの激情は、ストア哲学が教える平静とは大きく異なるように思えるかもしれない。しかし、エピクテトスは、人間性や哲学の実践について大事なことを語るためにこの物語を利用した。メディアの話に戻る前に、それについてもう少し考えてみよう。

わたしは学生について、エピクテトスが直面したものと同じ問題を抱えていた。学生たちは哲学を学びたいのだが、親から哲学は現実の役に立たない、時間の無駄だ、などと言われている。エピクテトスはこう言った。「子どもが哲学を学ぶことに腹を立てる両親に対しては、次のような弁明をするべきである。『わたしが間違っているとしましょう、お父さん。わたしに似つかわしい役目がわかっていないのだ、と。そうであれば、それは教えられるものでも、学べるものでもない。では、なぜわたしを非難するのでしょうか。もし教えられるものであるならば、教えてください。もしお父さんが教えられないならば、わかると言う人のところへ行って教わりましょう。何ゆえ目のかたきにするのです？　教えてもらいたいと思うせいで、わたしが悪に陥ったり、善でいられなくなったりするとでも？』」[2] すばらしい言明ではあるが、問題の核心をついていないことをわたしはエピクテトスに指摘した。重要なのは、哲学を学べばより良い人間になれる、とただ主張することではなく、それを納得できるようにはっきりと示すことだ。

　そこで、エピクテトスは続ける。「わたしたちは何を理由に受容するのだろうか。それが受容できるもののように思えるからだ。受容できると思えないものに対しては、受容できない。なぜだろうか。それが心というものだからだ。正しいものを受け入れ、正しくないものを拒み、どちらかわからないものには判断をくださない」[3] わたしは、そうかもしれない、と答えた。それでも、わたしには、そして、学生の親たちにはもっと説得力がある理由が必要だ、と反論する。「できるなら、今が夜であると思えばいい。それはできない。では、昼だと思わなければいい。それはできない……それでは、人が正しくないものを受容するときは、好んで正しくないものを受容したのではないことを知るがいい。『人はみずからの同意を得て真理を失うのではない』とプラトンが言うように、その人には偽りが真理に思えたのだ」これは興味深い。要は、故意に過ちをおかす人はいないということである。わたしたちは、何をするときも、正しい行ないをするためにみずから作り上げたか、あるいは誰かから取り入れた判断基準に照らして、正しいと思う行動をするのだ。

近年、哲学者のハンナ・アーレントが、同じような主張をした。「悪の凡庸さ」という持論を述べ、論争を巻き起こしたのである。アーレントは、《ニューヨーカー》誌から派遣され、ナチス親衛隊の中佐アドルフ・アイヒマンの裁判を取材した。アイヒマンはいわゆるヒトラーによる「ユダヤ人問題の最終的解決」を担当した高官のひとりである。アーレントの、賛否の分かれる連載記事は、最終的には『エルサレムのアイヒマン――悪の陳腐さについての報告』と題する大著としてまとめられ、出版された。

議論となるもののひとつは、アーレントの「悪」に関する概念だ。アーレントはこう考えた。「悪」はしばしば思慮の欠如によって生まれ、人は、たいてい悪事を行なうことを望んでいるわけではないし、もちろん自分を悪人だとは思っていない。ただ、批判的な検討をせず、世間一般の意見に迎合しがちでもある。アイヒマンもそうだったように、自分は良いことをしているのだと信じきっているのだ。アイヒマンは自分の仕事の効率の良さを誇り、その結果、担当するハンガリーで何十万という無実の人々が死んだことを、気にかけもしなかった。

わたしは、アーレントが悪の凡庸さに関する考えをさらに語った、最後のインタビューのテープを手に入れた（重要な語については他の訳語の選択肢を示している）。

戦争中、エルンスト・ユンガーは何人かの農夫に出会いました。ひとりは収容所を出たばかりのロシア人捕虜を連れていたそうです。もちろん捕虜たちは見るからに飢えていました。戦争捕虜がここでどう扱われていたかを知っているでしょう。「その農夫が」ユンガーに言いました。「そう、あいつらは人間以下、牛のようなものだ。牛のようにがつがつ食う」ユンガーはこの話について感想を述べています。「ドイツ人はときどき悪魔に取り憑かれたかと思うようなことをする」でも、ユンガーは「悪魔」の話をしているのではないのです。そう、この話にはおそろしい愚かさ「無知、思慮の欠如」が感じられる。愚かな話です。飢えた人々はそうするものだということが農夫にはわからないってことでしょう？　飢えれば誰でもそうするでしょうに。でも、この愚かさは実に理不尽「衝撃的、きわめて不快」なものです……アイヒマンは頭の良い人間でしたが、この点において、同じように愚か「理不尽、無分別」だった。この愚かさが許しがたい。凡庸ということばでわたしが言いたかったのはそれです。そこ「無知」には深いものはない。悪魔もいない！　あるのは、ただ、ほかの人の経験を想像しようとしないこと、そうでしょう？[4]

アーレントとエピクテトスが伝えようとしているのは、ストア哲学にとってきわめて重要な考え方であり、ソクラテスから受け継がれたものだ。すなわち、人間は意図的に「悪事」を行なうのではなく、「無知」によって行なうということである。そう言うと、おそらく腹を立てる人がいるだろう。冗談ではない、と。ヒトラーは悪人ではなかったと言うつもりか？　どうしてそんな無邪気なことが言えるのか？　まさか、シンパシーを感じているわけじゃないだろうな？　しかし、多くの哲学用語がそうであるように、「悪」と「無知」は、わたしたちが思うのとは違うことを意味している。

「悪」という言葉は、無用な形而上学的なカテゴリーを思い起こさせるようだ。単にその言葉で不快な悪行にレッテルを貼っているだけだとしたら、それほど問題はない。しかし、悪について語るときは、しばしば「具象化」という誤謬に陥りがちである。つまり、ある種、そういったものが存在するかのように、人間の心とは無縁であるかのように、その概念を語ることだ。たとえば、「ヒトラーは悪の権化だ」と言うときのように、ある人間が悪そのものであることを示す「悪の権化」という表現がある。だが、「悪」は独立した存在としての特徴を持っているものではない。形而上学的な一貫性がないのだ。単に、人々が行なうとてもとても悪いこと、あるいはとてもとても悪いことをさせる、とてもとても悪い性質を簡潔に表現したものだ。よって、哲学的な意味では、「悪」は存在しない（だが、とてもとても悪いものは存在する！）。

さて、より難しい概念について考えてみよう。人は「無知」から悪いこと（形而上学的な意味ではない）をするという考え方だ。プラトンは『エウテュデモス（対話篇）』でソクラテスにこう語らせている。「知恵は人間にとって善いものであり、悪いのは無知である」[5]この言説はずっと誤解されてきた。プラトンが使った「アマティア」という語は、実際には「無知」という意味ではない。哲学者のシャーウッド・ベランジャはこのことについて、大々的に論じている。その説明は考えてみる価値があるだろう。[6]

ベランジャは、ソクラテスと友人のアルキビアデスの対話（プラトンの対話篇『アルキビアデス（大）』）から始めている。アルキビアデスはアテネの将軍であり、政治家でもあった。[7]倫理的な観点からすると、波瀾万丈という言葉では足りないほどの生涯を送った。

ソクラテス　しかしきみが当惑するなら、これまでのことから考えて、きみは大切なことについて無知であるだけでなく、知っていると思っているのに知らなかったということが明らかになるのではないか。

アルキビアデス　そうかもしれません。

ソクラテス　なんということか、アルキビアデス。きみは病にかかっている！　はっきりと言うのは憚《はばか》られるが、ふたりだけなのだから、言わせてくれ。きみはひどい愚かさに取り憑かれている。それは、きみ自身の言葉、きみ自身の口が訴えている。教育も受けないうちから、政治に関わるのを急ぐのはその病のせいだ。だが、その病はきみだけのものではない。この国の政治にたずさわる大多数の人も同じだ。わずかな例外はある。きみの後見人のペリクレスがおそらくそうだろう。[8]

「無知」と「愚かさ」は、ギリシャ語で「アグノイア」と「アマティア」である。古代アテネ人のなかでも、アルキビアデスは、ごく通常の意味で、最高の教育を受けたひとりであり、知識人であったのは間違いない。これも通常の意味においてである。だから、英語の「無知」と「愚かさ」というふたつの単語は、どちらもソクラテスが伝えようとしていることを真に言い表していない。だが、アルキビアデスには知恵がない。相応の「教育」も受けずに「政治に関わるのを急ぐ」というのは、美徳としての知恵を備えていないということだ。ソクラテスが、アルキビアデスをペリクレスと対比させたのはとてもわかりやすい。ペリクレスはアテネの雄弁家で、教育を受け、賢いだけでなく、知恵があった。そうした資質によって有能な政治家になったのだ。残念ながら、それがアルキビアデスには欠けていた。よって、アマティアは知恵の欠如と考えるべきであり、「哲学(philosophy)」の由来である「智慧、叡智(sophia)」とは対極にある。

ベランジャはさらにこう付け加える。「アグノイアは『知らないこと』を意味し、アマティアは『学んでいないこと』を指す。アマティアには学ぶことができないという意味もあり、学ぶ気がないという状態も表す……ロベルト・ムージルは『愚かさについて』という散文において、愚かさのふたつの形態を区別した。ひとつは生まれつき才能が欠如している『良心的な愚かさ』。もうひとつはより邪悪な『知的な愚かさ』である」[9]

ベランジャはまた、哲学者であるグレン・ヒューズの言葉も引用している。ヒューズはアマティアの概念についてさらに踏み込んだ解明をし、ナチス・ドイツと関連づけた。[10] ヒューズにとって「知的な愚かさ」は、「知性がないというよりも知性が働かない」ことである。というのは、知的な愚かさは、成果もないのに、成果があると思い込むことだからだ。知的な愚かさは「精神疾患ではないが、きわめて危険だ。命そのものを危うくする心の病だ」。危険は「理解できないことではなく、理解しようとしないことにある。また、その病は、合理的な論証によっても、データや知識を積み重ねても、新しい異なった感情を覚えても、治すことも、好転させることもできない」。知的な愚かさはむしろ「精神的な病気」で、精神的な治療が必要なのだ。

アマティアは英語からは消えてしまった大事な言葉のように思える。アマティアとは知恵の反対で、他者といかに接するかという知識が欠落することであり、ほかの点では申し分なく知的でまっとうな人間が、恐ろしい行動をするという結果につながる。さらに、アマティアを特徴とする人々は、理にかなった根拠によって説得することができない。議論は理解できても、性質に大きな欠陥があるからだ。そうした性質は、ストア哲学者がこれまで示してきたように、本能、環境の影響（とくに親の導き）、理性の組み合わせによって、長い時間をかけて作り上げられる。もし、発達段階の早い時期に誤った方向に進んでしまうと、その結果生じたアマティアを、あとになって理性の力だけで正すのは難しい。

さて、ようやく王女メディアに話を戻そう。エピクテトスは、エウリピデスがメディアに語らせた言葉をわたしに思い出させた。

わたしはわたしがどんな悪事を為そうとしているかを知っている。
だが、わたしの情念は、わたしの理性よりも強い。[11]

エピクテトスはさらに言った。「メディアは、怒りに身を委ねて夫に復讐することが、子どもを救うよりも有益だと思っている」わたしは答えた。確かに。だが、彼女は明らかに惑わされている。「それでは、不幸な女性が、何がもっとも大切かについて惑い、人間から毒蛇になったことにあなたは憤っているのか。もしそうであれば、なぜ彼女を憐れまないのか。目が見えず、脚が萎えた人を憐れむように、もっとも大切なことに対して目が見えず、脚が萎えてしまった者を憐れむべきではないのか。そのことを忘れない者は、誰に対しても腹を立てず、憤らず、誰も罵ったり、非難したり、憎んだり、傷つけたりしないだろう」[12]

これは人間の条件に関する深い、見事な洞察である。また、ストア哲学というよりも、たとえばキリスト教的な憐れみがいくぶん示されている。とはいえ、語っているのは、奴隷から教師になったエピクテトスだ。メディアはイアソンを懲《こ》らしめるために、子どもたちを苦しめるのは間違いだとわかっていた。それにもかかわらず、理性ではなく感情（復讐）に駆り立てられて、実行した。エピクテトスは、憤りや怒りではなく、憐れみを示すことがメディアに対する適切な態度だと助言している。メディアは「悪人」ではない。悪人とはなんであるかはさておき、脚が萎えた人（エピクテトスは自分の状態を説明するのに同じ単語を使っている）のように、メディアには大事なものが欠けている。具体的に言えば、メディアは知恵に欠け、アマティアに冒《おか》されているのだ。アマティアは、ある状況について普通の人に無分別な判断をさせ、他人であれば恐ろしいことだと正しく理解できる行為に走らせる。もし、わたしたちがストア哲学のこうした考え方、あるいはキリスト教や仏教の同様の教えを身につければ、誰に対しても腹を立てたり、憤ったりすることはないだろう。また、誰をも罵ったり、非難したり、憎んだり、傷つけたりしないだろう。そういった世界は、今暮らしている世界よりはるかに良いものだろうと思う。

エピクテトスは、メディアのような人々を憐れむ理由を詳しく述べている。

すべての過ちは矛盾を含んでいる。というのは、過ちをおかす人は過ちをおかしたいわけではなく、正しくありたいと思いながら、望むことを成しえないでいるからだ。盗賊は何をしたいのか。自分の益になることだ。だが、盗みが自分の益に反するなら、望むことを成しえないでいることになる。合理的な人は生来、矛盾を嫌う。しかし、矛盾していることがわからない限りは、矛盾した行ないをするのを妨げるものはない。だが、もしそれがわかれば、矛盾した行ないをやめて、避ける必然性が生じる。[13]

つまり、メディアは過ちをおかしたかったわけではなく、自分が正しいことをしていると信じ込んでいたということになる。同じことがアイヒマンにも言える、とエピクテトスなら主張しただろう。もちろん、アイヒマンとメディアでは、状況、行為に至る明白な理由、行きついた結果は大きく異なる。

現代の心理学では、認知的不協和として知られる現象が発見されている。最初に提唱したのは、心理学者のレオン・フェスティンガーだ。認知的不協和とは、同じように真実だと判断していたふたつのことのあいだに矛盾があるのに気づいたときに起こる、不快な心理状態をいう。エピクテトスが、人はわかっていながら過ちをおかすことは望んでいない、と言ったように、人は認知的不協和を経験したいとは思わない。そのため、自分が考えていることは道理にかない、正しい判断につながるものだという展開になるなら、どんな説明でも受け入れて、矛盾を解消しようとする。たとえ他人にとっては、そうした理屈や判断が明らかに、また、馬鹿馬鹿しいほどのこじつけであってもだ。アイソーポス（イソップ）は紀元前六世紀に、それをキツネと葡萄《ぶどう》の寓話としておもしろおかしく書いた。穏やかでないのは、認知的不協和に悩む人は、愚かでも無知でもないということだ。賢く、十分な教育を受けながらも、ダーウィンの進化論を受け入れない多くの人にわたしは出会ってきた。彼らがこのもっとも強固に確立された科学理論を拒否するのは、聖書と相容れない矛盾があるからだ。聖書は敬虔なキリスト教信者にとって、一生を通じて、価値判断や行動選択の基準になるものである。もし、ダーウィンか神の言葉か、どちらが正しいのかを判断しなければならないとしたら、ダーウィンよりも神を選ぶ者がいても、しごく自然なことであり、合理的でさえある。エピクテトスなら驚かなかっただろうし、わたしも天地創造説を支持する原理主義者と初めて直接会ったとき、驚くべきではなかったが、わたしは当時ずっと若かった（また、賢くもなかった）。サイエンスライターのマイケル・シャーマーが観察したところ、賢くなればなるほど、認知的不協和の要因となるものをこじつけるのがうまくなるらしい。[14] たとえば陰謀説を唱える人は、現実の世界がどうであるかというみずからの理論に大きな穴が空いていても、それを説明するのが上手である。

では、どうすればいいのだろうか。ここでも心理学的研究が役に立つかもしれない。科学的な概念に対する学生たちの認識を変えさせるのにもっとも役立つのは、意図的に認知的不協和を高めて不快な思いをさせ、矛盾を解決するためのさらなる情報と新しい拠り所を学生たちにみずから見つけさせることだ。[15] もちろん、つねにそれができるわけではない。メディアやアイヒマンにも効果はないだろう。だが、その概念のおかげで、ものごとがどうなっているかを、というか、どうしたらいいのかをよく理解することが可能になる。

とはいえ、わたしは、ハンナ・アーレントを批判する人たちと同じようなことを心配している。悪は凡庸、すなわちアマティアであるというとらえ方は、身の毛もよだつような行為を正当化することに近いのではないか。少なくとも「悪」に対して受け身になるよう促しているのではないか、と。もちろん、エピクテトスもそれについて考えている。「『その者があなたを批判しました』殴られなかったのはありがたい。『いや、殴りもしたのです』だが、傷つけられなかったのはありがたい。『いや、傷つけました』殺されなかったのはありがたい。その者はいつ、誰から、『人間はやさしく社会的な動物である』とか、『不正をする者は、自分が行なった不正によって苦しめられる』とかを学んだというのか。もし、そうしたことを学んだのでもなく、教えを受けたのでもないなら、その者は自分の益にかなうものに従うはずではないだろうか[16]」

これはまさしく「侮辱を甘んじて受けろ」と言っているように思える。しかしエピクテトスは忍耐や我慢することを助言するだけではなかった。もちろんそうしたことも確かだが、何が不適切かをはっきりさせたのだ。悪事を働く人は、まず自分自身をもっともひどく傷つけていることが理解できない。それは自分にとって本当に良いことは何かという知識がなく、アマティアに苦しんでいるからだ。さらに、ストア哲学者によれば、その人にとって良いことは、すべての人にとって良いことになる。社会生活を高めるには理性を用いることが重要なのだ。

わたしたちにとっては、さしずめ悪事は知恵が足りないせいで行なわれるというのを忘れずにいれば、他者への思いやりや、知恵を育てて深めていくことの大切さをつねに思い出すことができるだろう。

9章　ロールモデルの役割

ヘラクレスが「わたしのなかから大きなライオンや、大きなイノシシや、野蛮な人間が現れないようにするにはどうしたらいいだろうか」などと言ったら？　何も心配することはない。大きなイノシシになれば、より大きな闘いをすることになる。邪悪な者が出てくれば、世界を邪悪な者から解放できるだろう。

——エピクテトス『語録』四・一〇

一九九二年一〇月一三日、アメリカが選挙シーズンの最中にあったその日、わたしは副大統領候補の討論会を観ていた。その二、三年前にローマからアメリカに移ってきたばかりだったので、「娯楽報道番組」としてのテレビ討論会というのはかなり新鮮に感じられた。舞台上に三人の男性がいた。アル・ゴア、ダン・クエールのふたりの政治家と、ジェームズ・ストックデールという居心地の悪そうな男だ。ストックデールにとって、大成功とは言えない夜だった。「わたしは誰でしょう？　どうしてここにいるのでしょう？」と言って、ストックデールは討論を始めた。周囲はそれを好ましい謙遜だと思ったが、すぐに、ストックデールがその場で何が行なわれようとしているかをほとんど理解していないことが明らかになった。わたしはそれを馬鹿にして見ていたが、その晩から数十年後、ストックデールの死からおよそ一〇年後に、ストックデールがわたしのロールモデルのひとりになるとは思いもしなかった。ストックデールは、現代のストア主義者であり、その生涯を語るに値する人物だ。

ストックデールの人生を語るには、一九六五年九月九日まで遡らなければならない。その前年、アメリカはベトナム戦争に本格的に介入しはじめた。きっかけは、奇妙なトンキン湾「事件」だった。真夜中に、アメリカの軍艦が目標物もなく砲撃を行ない、それをリンドン・ジョンソン大統領が北ベトナムに対する「報復」爆撃の公式な理由にしたのである。アメリカ海軍第五一戦闘飛行隊の指揮官で、実際にトンキンにいたストックデールは、この知らせを聞いて言った。「何に対する報復だ？」だがその後、沈黙を命じられた。

九月九日、ストックデールは、北ベトナムの上空を飛行しているときに攻撃を受け、捕らえられた。それから七年半を、ハノイ・ヒルトンと呼ばれた捕虜収容所で過ごした。その間つねに鉄の足枷をはめられ、窓のない一メートル×二・七メートルの独房に監禁され、殴られ、拷問を受けた。だが、きわめて過酷な環境にありながらも、仲間の囚人をまとめ上げ、行動を統制するための行動規範を作って実施した。さらに、北ベトナムのプロパガンダに利用されないよう、カミソリで頭皮を切りつけて見た目を損ない、それがうまくいかないと、顔をスツールで強打して腫れ上がらせ、敵の役に立たないようにした。あるときは、拷問によって仲間の地下活動を聞き出されるのを怖れて、手首を切った。ようやく解放されて帰国したときは、悲惨な状態だった。それでも回復しはじめ、一九七六年に、任務の要求をはるかに越えた勇敢な行為により、軍人にとって最高の栄誉である名誉勲章を与えられた。

ストックデールはインタビューで、ハノイ・ヒルトンから出ることができないのはどういう人かと聞かれたとき、次のように答えている。

　簡単だ。楽観主義者だ。そう、彼らは「クリスマスまでには出られる」と考える。そして、クリスマスが近づいて、終わる。すると、「イースターまでには出られる」と考える。そして、イースターが近づいて、終わる。次は感謝祭、その次はまたクリスマス。そして、失望して死んでいく……これはきわめて重要な教訓だ。最後には必ず勝つという確信、それを失ってはいけないが、その確信と、どんな状況であろうと自分が置かれている現実のなかでもっとも厳しい事実を直視する自制心とを混同してはいけない。[1]

インタビュアーはこれを「ストックデールのパラドックス」と呼んだが、そもそもの出所であるエピクテトスの名を使ってもよかったのかもしれない。ストックデールは、一九五九年、海軍の援助で修士号取得のために、スタンフォード大学で学んだ。専門は国際関係と、なんとマルクス主義の比較研究だった。だが、いつもの勉強にいくぶん飽きて、哲学部に迷い込んだとき、フィル・ラインランダー教授と出会った。それにより、ストックデールの人生は大きく変わった。ストックデールは、一学期も半ばだというのに、二期にわたる教授の講座「善悪の問題」に履修登録した。遅れを取り戻し、ほかの学生に追いつけるよう、教授のオフィスで、一対一の個人指導を受けた。その最後の指導で、教授はエピクテトスの『提要』を手に取り、ストックデールに渡して言った。「軍人のきみには、とても興味深いものだと思う。フリードリヒ大王は、戦場に行くとき、この本を必ず荷物に入れたそうだ」ストックデールは『提要』と『語録』の両方を何度も読み、のちに、ベトナムで生き延びることができたのは、エピクテトスのおかげだと考えるようになる。試練を乗り越える力と、自分ができることとできないことを見極める合理的な理性を与えられたからだ。コントロールできるもの、できないものというストア哲学における二分法を体現したすさまじい例である。一九八一年、ストックデールは、スタンフォードに本拠地を置くフーヴァー戦争・革命・平和研究所の特別研究員になり、一二年にわたってストア哲学について執筆したり、教えたりした。[2]

これから記すのは、（ストックデールが偽りにもとづいたものであることを知っていた）アメリカによるベトナム介入を擁護するものでも、北ベトナムを悪者にしようという企てでもない。わたしたちすべてが考えるべき、個人の物語である。ストックデールは、戦争についての大切な真理を理解していた。それは人生一般にも当てはまるものだ。倫理観の基準を高く設定し、自尊心を保つことが、目の前の現実、すなわち（戦時における）各陣営の兵器類やふだんの暮らし向きなどより、ずっと重要だということである。もっとも、そのためには心理操作《マインドゲーム》が必要なので、ストア哲学が役に立つ。ストア哲学は、倫理観の基準を高く設定し、自尊心を保つことに注力した、すぐれたマインドゲームなのだ。

ストックデールの最初の試練は、九月九日に撃墜されたことだ。彼はこう述べている。「機外へ投げ出されてから、小さな村の大通りに着陸するまでの三〇秒ほどのあいだに、自由の身で発することができる最後の言葉をつぶやいた。力を貸してほしい、と。『少なくとも五年は帰れない。わたしは科学技術の世界を離れ、エピクテトスの世界に入る』[3]」

着陸して捕らえられるとすぐ、エピクテトスが言うコントロールできるものとできないものという二分法を、とりわけ自分自身の身分について痛いほど理解した。一〇〇人のパイロットと一〇〇〇人を超える部下の指揮を執り、一目置かれる将校だった自分が、ものの何分かのあいだに縄を打たれ、戦犯として非難される立場に貶められたのである。すばやくパラシュートを外すと、一〇人以上の男に囲まれた。「組み伏せられ、拳《こぶし》で殴られ、ねじられ、ひねられるといったことが三分かそれ以上続いたあと、ピス・ヘルメットをかぶった男がようやく、止めろ、と言った。脚の骨がひどく折れていて、これは生涯にわたって影響が残るに違いないと感じた。その直感は正しかった」[4]ストックデールはのちに、エピクテトスもまた、最初の主人に骨折させられてから、一生、足が不自由になったことを思い出した。エピクテトスはそれについてこう考えた。「脚を引きずることは歩行を妨げはするが、意志を妨げはしない。どんな出来事に対しても、そう考えるといい。それが何かに対する妨げであっても、あなた自身を妨げるものではないことがわかるだろうから」[5]エピクテトスがいかに正しかったかを、ストックデールは、その後、七年半かけて理解することになる。

　ストックデールは、ハノイ・ヒルトンに収容される頃には、エピクテトスの教えを忠実に実践しようと固く決心していた。それは運命に課せられた役目を力の限り果たすということだ。敵が勝つのは、自分が恐怖、自尊心の喪失というふたつのものに屈したときだけだ、といつも自分に言い聞かせた。北ベトナム兵、とりわけ拷問の担当者を観察もした。そして、気づいた。その場にいたとしたら、エピクテトスとアーレントのふたりも気づいただろう。拷問を担当する男は悪人ではなく、自分の務めを誠実に実行しているだけなのだ。そして、驚くべきことに、ストックデールは、その男に憎しみではなく尊敬の念を抱いた。拷問者の仕事は、囚人の鋭気をくじき、恐怖を植えつけることである。それに気づいたエピクテトスは、唯一可能な対応に行きついた。「生きることにも死ぬことにも執着しない人が、専制君主のもとに来るとき、彼が何も恐れずに来るのを止められるものがあるだろうか。何もない」[6]

エピクテトスの哲学を理解していたおかげで、ストックデールは、獄中にあっても、脚を折られても、使命を忘れなかった。仲間の囚人たちと秘密組織を作り、もっとも高位の将校として、敵に抗うために考え抜いた命令を出した。拷問で認めていいこと、いけないことについて、実践的な助言をした。また、敵には、名前、階級、認識番号、生年月日以外は答えるな、というアメリカ政府の公式の方針のせいで、多くの捕虜がすぐに処刑されてしまうことに気づき、代わりとなる独自の指標を定めた。それは公衆の前で頭を下げないこと、いかなる罪も認めないことなどだ。すべてが、囚人をプロパガンダに利用しようとする北ベトナムの試みを妨害するために考えたものだった。はたして、プロパガンダ用のビデオは失敗に終わった。多くの兵士がカメラに向かい、ベトナム兵を笑い者にしたジョークを言ったからである。ストックデールの友人であるネルス・ターナーは、戦争への反対を表明するために航空記章を返上したパイロットの名前を聞かれ、クラーク・ケント大尉とベン・ケーシー大尉と答えた[7]（クラーク・ケントは米国のコミック『スーパーマン』の主人公、ベン・ケーシーは米国のテレビドラマ『ベン・ケーシー』の主人公。ともに架空のキャラクター）。その結果、その後の三日間、縄による拷問を受け、続く一二三日を足枷につながれたまま独房で過ごさなければならなくなった。

やがて北ベトナムは、アメリカ人グループ内の秘密の抵抗活動に気づき、ストックデールを含む一〇名を、三年半から四年以上のあいだ独房に監禁した。ストックデールの別の仲間であるハウイー・ラトレッジは、ようやく帰国を果たしたのち、大学院に入学し、拷問や独房監禁が囚人の気持ちをくじくことになるかどうかをテーマに修士論文を書いた。研究データは、戦友や捕虜にされた経験がある人たちに送ったアンケートから集めた。結果は驚くべきものだった。捕虜にされた期間が二年に満たなかった者は、拷問がもっともつらかったと答えた。しかし、二年を超えた者は、独房監禁のつらさが拷問のつらさを上回ったと答えた。誰であろうと、どういうイデオロギーや政治的思想を持とうと、そうも長い期間を誰にも会わずに過ごせば、切実に友人を求めるということだろう。ストックデールは、ラトレッジの研究結果をエピクテトスの教えに照らしてこう解釈した。人間を真に打ちのめすのは、身体の痛みではなく、恥辱である。収容所から解放されたときに思い出したのは、すべての教えがどのような成果を生むのかを問われたエピクテトスが、「平静、恐怖からの解放、自由」と答えたことだ[8]。ジェームズ・ストックデールにとって、確かにその通りだったのだ。

重要な疑問がひとつある。ストックデールが拷問や独房監禁に耐えられたのは、本当にストア哲学のおかげなのか。あるいは、ストア哲学は、ストックデール生来の特質によって成し遂げたことを、理論的に説明するために使われているにすぎないのか。より哲学的に表現すれば、美徳は教えうるものなのか、それとも、生まれながらに備わっているものなのか。この問いに関しては、古代ギリシャの人々が詳細に議論しただけでなく、現代の生物学や発達心理学が、多くの実証を示している。[9]

プラトンの『メノン』において、メノンはソクラテスにこう尋ねる。「ソクラテス、教えてください。徳は教えることができるものですか？　教えられないものならば、訓練によって獲得するものですか？　もし、教えによっても、訓練によっても得られないのなら、生まれつきか、あるいは何かの方法で備わるものなのでしょうか？[10]」長いやり取りの末、ソクラテスは次のように結論づける。「徳」は、原則としては教えられるだろうが、教えることのできる人がどこにもいないので、実際には教えられない。要するに、徳を備えている人は、おそらく、生まれたときから資質として身につけているのだろう、と。しかし、アリストテレスはそうは考えず、倫理的徳と知性的徳を明確に区別した。前者は天性の資質と成長に伴い身につける習慣の双方から生じ、後者は、成熟した精神から生じる。つまり、徳には三つの源があり、生来の資質を由来とする徳、人生のとくに早い段階に習慣によって備わる徳、教わることのできる知的な徳があるということである。

徳が「いろいろな方法で」備わるという考え方はストア哲学になじみ、認知心理学の現代的な研究分野でも好まれている。ストア哲学は、先ほど述べたように、徳性を育てることができるものととらえる。まず、人間は、自分だけでなく、保護者や人生の早い段階で定期的に触れ合った人々を重んじる能力を持ちあわせている。さらに、理性が備わる七歳か八歳くらいになると、さらにふたつの方法で徳性を伸ばすことができる。それは習慣と、(さらにのちの時期には)明示的に哲学的な思考をすることだ。

現代の心理学において、人間の徳性がいかに発達するかを簡潔に説明したもっとも有名なものは、ローレンス・コールバーグによる六段階の道徳性発達理論だろう。この理論はジャン・ピアジェの研究と、多くの経験的証拠をもとに提唱された。発達の六段階は、三つにまとめられる。慣習以前のレベルの道徳性(罰と服従による規制の段階から始まり、自己志向の段階に移る)、慣習レベルの道徳性(対人関係の調和志向の段階から、社会秩序の維持と権力への対応の段階に移る)、脱慣習レベルの道徳性(社会契約的遵法主義志向の段階から、普遍的な倫理的原理志向の段階に移る)だ。コールバーグの理論は、多くの点で批判されている。たとえば、理性的な判断や正義の道徳理念をあまりに重視し、本能的な判断や、他者への配慮を顧みないことなどだ。[11] それでも、多様な文化に当てはめられるようだ。個人によって発達の速度が違ったり、文化によって重視する理論の面が異なったりすることはあるかもしれないが。いずれにしても、倫理観は資質、訓練、また信奉者にとっては、明示的な批判的内省などの組み合わせによって得られるという考え方を是認するために、特定の、道徳心理学的な発達に関する現代理論を受け入れる必要はない。コールバーグの理論は、さまざまな生物の遺伝子と環境の相互作用を研究する生物学者が、繰り返し明らかにしていることと一致する。複雑な形質、とくに行動に関する形質は、遺伝子と環境の絶え間ないフィードバックを通して、すなわち、生まれと育ちの両方によって発達するらしい。もちろん、人類にとって主要な環境は、文化と、同じ種の他のメンバーとの社会的交流だ。[12]これらのことを心に留め、ストア哲学の話に戻ろう。

ジェームズ・ストックデール、パコニウス・アグリピヌス、ヘルウィディウス・プリスクス、マララ・ユスフザイといったロールモデルは、ストア主義が観念的な理論ではなく、実践的な哲学である点を際立たせる。もちろん、いかに行動するか、いかにエウダイモニア的な人生を送るかを述べるために倫理的な原則を示すものの、ストア哲学が大切にしているのは、いかに語るかだけでなく、現実に人々がいかに行動するかである。ロールモデルを観察し、模倣することは、自分自身の美徳を強化する効果的な方法のひとつだ。現代社会でも、有名な人物が若い世代の手本として示される。昨今の問題は、概して、ロールモデルの選び方が良くないことだ。わたしたちは、俳優、歌手、運動選手、一般的な「有名人」を称える。だが、彼らが演技や歌やバスケットボールや、フェイスブックで「いいね！」やツイッターのフォロワーを獲得することに秀でていたとしても、彼らの倫理観がそれに伴わないことがわかると失望するということを繰り返している。

同様の問題が、とくにアメリカで、「ヒーロー」という言葉を安易に使うことによって生じている。公益のためにみずからを犠牲にする勇敢な人は、真にその言葉に値するだろう。それでも、軍や警察からだけヒーローが生まれる必要はないし、テロ攻撃で亡くなった人は、ヒーローではなく犠牲者だ。おそらく、勇気や他者への思いやりを示したのではなく、たまたま、悪い時に悪い場所に居合わせたのだ。もちろんその人を悼むべきだが、「ヒーロー」として分類するのは、実際の出来事を正当に扱っていないことになる。また、言葉の意味を混乱させ、真のヒーローを公平に評価できなくなる。

さらに、ロールモデルについて忘れてはいけないのは、ロールモデルといえども完璧な人間ではないということだ。理由は簡単で、完璧な人などいないからである。ストア哲学者はそれをよく理解している。さらに、完璧であることをロールモデルの重要な要素にすれば、不可能なほど高い基準を設定することになる。もちろん、それを行なっている宗教もある。キリスト教徒にとって、キリストはつねに善行のモデルだ。だが、キリストがロールモデルでは模倣が難しい。信者は文字通り神のようになろうとしなければならない。それでは間違いなく失敗するし、救いの道として、神の慈悲にすがるしかなくなる。

それに対して、ストア哲学者はきわめて現実的で人間心理をよく理解している。セネカは知恵がある人、すなわち、ストア派の理想的なロールモデルである賢者の本質について論じた[13]。賢者になるための基準があまりに高すぎるという批判者に対しては、次のように反論している。「こういった賢者は見つからないと批判する理由はない。非現実的な偉人をつくろうとしているのではないし、偽りの幻を思い描いているのでもない。ただわたしたちが考える人物像を示したのであり、今後も示していくだろう。そういった人はめったにいないし、何年かに一度、現れるだけかもしれない。傑出した偉人はまれにしか生まれないからである。だが、この議論の始まりとなったマルクス・カトーこそは、わたしたちのモデルさえ超えるのではないかと思う」

小カトーとして知られるマルクス・カトーは、ローマの元老院議員で、ユリウス・カエサルの政敵だった[14]。ローマの貴族であり、時代の申し子とも言える。たとえば、心酔する共和政ローマが（成立を阻止しようと戦ったローマ帝国ほどではなかったものの）きわめて不平等で、奴隷制度や武力による征服の上に成り立っていることに気づかなかった。紀元前七二年には、みずから申し出て、反逆を図った奴隷スパルタクスと戦った。不当な仕打ちのせいで奴隷たちが反乱を起こしたのかもしれない、と考えてみようともしなかったのは明らかだ。多くのローマ人同様、社会で弱い立場に置かれた女性を気にかけることもなかっただろう。要するに、現代であれば、とてもロールモデルになどなれない。だが、そうした見方は正しくない。そう考えることは彼を、どんな人間にもできないことができる神のような存在にしようとしていることになるからだ。彼の生い立ちを完全に無視しているのである。そうではなく、当時の文化と時代の尺度に照らして評価するべきだ。そうした場合、カトーは間違いなくロールモデルとなる。

　カトーは並外れた子どもだった。一四歳のとき、師であるサルペードーンに、独裁官のルキウス・コルネリウス・スッラの非道な行ないを止める人がいないのはなぜかと尋ねた。サルペードーンはそれに対し、スッラは憎まれているが、それよりももっと恐れられているからだと答えた。すると、カトーは言った。「ではわたしに剣を与えてください。この国を奴隷状態から解放します」それ以後、サルペードーンは万が一に備え、ローマにいるときは、カトーをひとりで遊ばせなかった。カトーはストア哲学を学びはじめてからは、相続した財産があるにもかかわらず、つましく暮らした。二八歳のとき、マケドニアで軍務に就いた際は、部下を率いて進軍し、部下と寝食をともにした。そのため、ローマ軍団《レギオン》の兵から慕われた。のちには政治家になり、すぐに高潔な人という評判を築いた。当時にしては、いや、いつの時代でも珍しいことである。査問官《クアエストル》として、スッラのスパイを、財政資金の違法な着服と殺人の罪で訴えた。キプロスに赴任したときには、財政を健全に管理し（これもまた珍しいことである）、国庫に銀貨七〇〇〇タラントをもたらした。七〇〇〇タラントは巨額である。ローマの一タラントが三二・三キログラムであり、それより軽いアテネの一タラントで、九人の熟練工に一年、三段オールのガレー船の船員二〇〇人に一か月、賃金を支払えた。
ついにカトーは、ユリウス・カエサルと正面から対立するようになる。カエサルは、スッラと同じ道を進み、さらには元老院に宣戦布告し、レギオンの一軍を率いてルビコン川を渡った。そのとき「賽《さい》は投げられた」という有名な言葉を発している。その後はよく知られている通りだ。カエサルの軍は、最初の敗退ののち、ギリシャのファルサロスで元老院の軍を破った。カトーは敗北を認めず、現在のチュニジアにあった都市ウチカに退却した。カエサルはカトーらを追い、タプススで最後の決戦に勝利した。カトーは、敵の政治的な利益のために利用されるのを恐れ、生きたまま捕まるのを拒んでローマ流の行動をとった。すなわち短刀でみずから命を絶とうとしたのだ。その後のことは、プルタルコスに語ってもらおう。

カトーはすぐには絶命せず、苦しみながらベッドから落ちて、そばにあった算盤を倒した。大きな音がしたのを聞いた召使いたちが叫び声をあげ、すぐに息子と友人たちが部屋に駆けつけると、おのれの血にまみれ、臓腑のおおかたが体外に飛び出したカトーが、まだ生きていてこちらを見ている。その光景にみんな凍りついた。医者が駆け寄り、臓腑は傷ついていなかったのでそれを体内に戻して、傷口を縫い合わせようとした。だが、カトーは意識を取り戻し、医者の意図に気づくと、医者を押しのけ、臓腑を引き出し、縫い合わせた傷口を引き裂くとすぐに果てた。[15]

カエサルは喜ばず、こう述べた。「カトー、きみを死なせたくなかった。きみはわたしのために自分の命を惜しんでくれなかった」セネカがカトーをストア哲学の真のロールモデルと考えた理由がわかるのではないだろうか。

拷問や独房監禁の苦しみに屈せず、政治的に利用されないために自害するといった話を聞けば、ストア哲学を実践するのは無理とは言わないものの過酷だという印象を持つかもしれない。わたしは、著名な哲学者であり、研究仲間であるナイジェル・ウォーバートンから、インタビューの最中にこう尋ねられた。「極限の状況に直面したり、それほどの水準の勇気や忍耐を示したりする必要がほとんどない、普通の暮らしにおいてはどうなんだい？」[16]

良い質問である。答えは簡単だ。立派な行ないに関する話を聞けば、人間が力を振り絞ればそれだけのことができるのだと感銘を受けるだけでなく、わたしたちの多くの人生が、実際にはそれよりもずっと平穏であることに気づく。そう気づけば、不当な扱いを受けた同僚を守るのも難しくなくなる。ほんの少し勇気を出して、上司に抗議すればいいだけだ。その報いは、最悪の場合でも、解雇されるだけである。独房に監禁されたり、拷問されたりすることはない。軍事的な敗北や、名誉のための自決といった危険に迫られているのではないのだから、日々の暮らしにおいて正直でいることなど簡単なはずだ。考えてみてほしい。わたしたちがあと少しの勇気とあと少しの正義感を示し、さらなる自制心とより多くの知恵を得られれば、世界はどれだけ良いものになるだろうか。ストア哲学を実践するという賭けは、カトー、ストックデールなど本書で出会った人々の話を知ることによって、より広い視野を獲得することである。現在の自分よりも、ほんの少しでも良い人間になるために。

10章　身体障害と精神障害

車椅子なしで生活することが、人生の基本的な目標ではありません。
――ローレンス・ベッカー、ポストポリオ・ヘルス・インターナショナルでのビデオ講演より

ストア哲学は、人生を精一杯、生きるための助けになる。だが、困難な状況下にあるだけでなく、たとえば、一生、車椅子での生活を強いられる人や、気力を蝕《むしば》まれるような精神の病と闘う人々の力にもなれるのだろうか。答えは、場合によってはイエスということになりそうだ。哲学は奇跡の治療法ではないし、そのように扱われるべきでもない。

本章では、われらが友であるエピクテトスからしばし離れて、現代の三人のストア主義者を見ていこう。彼らの物語は、哲学が、ポリオ後症候群やうつ病や自閉症と折り合うの

にいかに役立ったかを告げている。古代の人々は、しばしば、ソクラテスから半神半人のヘラクレスまで、実在した、あるいは想像上の人物をロールモデルにしながら学んできた。本章に登場する人々は、現代のストア主義者のロールモデルだ。彼らの思想と行動によって、わたしたちは、日々の小さかったり、大きかったりする困難について考えさせられたり、刺激を与えられたりするだろう。

ラリー（ローレンス）・ベッカーは、ウィリアム・アンド・メアリー大学で哲学教授を務めたのち、現在は引退している（二〇一八年に死去）。現代ストア哲学に関する基礎的な学術書の著者でもある。[1] わたしがラリーを知ったのは、その本がきっかけだ。彼の本をめぐって、友人のグレッグ・ロペスやニューヨークにいるストア哲学に興味のあるたくさんの人たちと数か月も議論を交わすことになった。[2] ラリーの本は哲学の知識がある程度ないと理解しづらく、叙述スタイルが風変わりとも言える。冒頭からストア主義者のことを「わたしたち」と呼んでいるのだ。ラリーは、ストア哲学の思想を個人の哲学として真剣に日常に取り入れているのである。

まもなく、わたしがその真剣さをまったく理解していないことが明らかになった。わたしの友人で、ニューヨーク市立大学の同僚である古代哲学学者のニック・パパスが偶然にもラリーの親友で、かつての同僚だったことがわかり、わたしとラリーを引き合わせてくれた。[3]

ラリーは何十年も、ポリオの後遺症に悩まされている。わたしはニックから、ラリーが後遺症を乗り越え、教育者として、また学者として、華々しいキャリアを築いたという話を聞いていた。ラリーの著作やストア哲学に対する関心が、他とは一線を画するのは、そうした経験によるものなのかもしれない。のちに、ラリーはわたしに、ポストポリオ・ヘルス・インターナショナルのために作ったビデオがあることを教えてくれた。[4] ラリーは二〇〇六年から二〇〇九年まで、この団体の会長兼議長を務めた。わたしはそのビデオを見て、なぜラリー・ベッカーが伝統的ストア哲学における、現代のロールモデルとされるかを理解した。

ラリーは十代でポリオにかかった。一九五二年のことで、ワクチンはまだ開発されておらず、リハビリ病院で長く過ごした。当初は四肢が麻痺し、人工肺で呼吸をしていた。二年半のリハビリの結果、脚は使えるようになったが、手は麻痺したままだった。ポリオの後遺症のせいで呼吸が不自由で、それが年齢とともに悪化している。横隔膜が使えないために、呼吸は首の筋肉で行なう。就寝中は呼吸が完全に止まり、血液中の二酸化炭素がいっぱいになると目が覚める。ラリーが苦々しく言うように「とても不自由だ」。そこで、睡眠や日中の休憩のために携帯小型扇風機を使う。かつてリハビリ病院で回復した身体能力は、年齢とともにだんだんと衰えて、今では個人指導以外で教えることはできない。

ビデオは、以前なら車椅子から立って階段を昇り降りし、教室まで往復できたというラリーの説明から始まった。しかし、一九八〇年代の早いうちに状態が悪化し、講義や教授会に行くことを考えるだけで恐怖感に襲われるようになった（もっとも、教授会は誰も出たくはないものではある）。最初は、誰にもそのことを話さず、歩いたり階段を使ったりするのをできるだけ避けていた。だが、すぐに、自分の研究室と校庭のあいだにある、わずか四段の階段を昇り降りするのも難しくなり、空いた時間は机の前に座り、研究室の外に出たり、夕方、帰宅したりするときのことを不安に思いながら過ごした。

最初は、パニック発作を伴う恐怖症だろうと診断された。そこで、リハビリ専門の精神科医を訪れた。その精神科医は全盲だった。大変な苦労をして、医大を卒業したに違いない。診療室は古く、感じの良い家にあったが、駐車場からは平らではない階段が五段、玄関まではさらに四段を昇らなければならず、手すりもついていなかった。これは困った。

ラリーは症状を説明したのち、精神科医に、今この瞬間、何を悩んでいるかと尋ねられた。ラリーはいくぶんむっとして「どうやってこの建物から外に出ようか悩んでいます」と答えた。精神科医は、静かに受話器を取って秘書に電話し、この建物の裏を回って駐車場に降りるスロープはあるかと尋ねた。ある、とのことだった。「今の気分は？」精神科医が尋ねた。

「悩みはなくなりました」ラリーは言った。

それから、精神科医は問題に対処するための現実的な方法を検討した。研究室を変えることはできるか？　できない。大学はラリーのためにスロープを作ってくれるか？　おそらく。精神科医は医大には地下鉄で通い、地下鉄のホームは盲人にとっては恐怖だったと言い、「それは妥当な恐怖だ。だから、地下鉄のない街で開業することにしたのがわかるだろう」と付け加えた。このとき、ラリーは少し馬鹿げたように感じた。だが、その後、大学はラリーのためにスロープを作り、ラリーは足踏みブレーキが付いた車椅子を買った。これこそ、理屈ではなく、実践的なストア哲学の教えだった。

ラリーは、こうした類いのことがそれまでの人生で繰り返しあったこと、さらに、障害のあるなしは関係なく、誰にでも起こることだと考えた。その思いから、障害のあるなしに関係なく、人生について個人の哲学を発展させるための多くの助言を与えるようになった。

ラリーが第一に挙げるのは、主体的な行為者であるべきだということ。患者ではなく、行為者であると感じることをラリーは大切にしている。だが、そのためには必要なことがある。たとえば、まずは主体的な行為者であり続けることだ。自分では何もできない赤ん坊として人生を始めたときは、わたしたちは「人間の初心者」であり、他者に完全に頼らなければならない「患者」である。そこから、どうやって行為者になるかを一から徐々に学ぶ。その後、自分の人生に責任を負うようになり、行為主体性を主張したり、獲得しようとしたりしながら大人になる（これはまさに、倫理的発達というストア派の教義と一致している)。ラリーにとって、もっとも深刻な障害とは、主体性のある行為者でいることが著しく制限されたり、不可能になったりしてしまうことだ。だが、ラリーは言う。たとえポリオのせいで身体が完全に麻痺したとしても、麻痺そのものが主体的な行為者であることを永久に阻害するわけではない、と。とはいえ、ラリーがしたように、つらい思いをしながら、ゆっくりとそれを取り戻さなければならないかもしれない。ラリーは障害と折り合うことが、行為主体性を取り戻す必要性と一致すると考えた。

　ラリーは次のように指摘する。行為主体性を取り戻せば、他の人と同じ立場になる。つまり、うまく主体的な行為者にならなければいけないのだ。そのためには、正しい価値観や好み、目標、慎重さ、決断力、行動力を備える必要がある。もし、そうしたものが首尾一貫していなかったり、完璧でなかったり、強固でなかったりしたら、身体の状態に関係なく、麻痺状態に陥る。決断力がないことで、麻痺状態に陥ることもある。それは、特定の行動に注力するのではなく、いくつもの選択肢を残しておきたいと思っているからだ。メニューにあまりに多くの料理を載せたり、車のディーラーが何台もの車を店頭に並べたりするのが良くないことは、現代の認知科学が明らかにしている。[5] さらに複雑なのは、世の中は変化していて、目標、決断、行動がつねに調整を求められることである。そのため、わたしたちは変わりゆく状況下でいかに主体的な行為者であり続けるかを学ばなければならない。航空機のパイロットのように新しい技術を習得し続ける必要があるが、パイロットとは異なり、シミュレーション装置を使う贅沢は許されない。人生は一度しかなく、安全な環境ではなく、「上空」で学ばなければならない。さらなるストレスとなるのは、気を配らなければならない人々が、一緒に乗っているということだ。

さらに、わたしたちはできないことでなく、できることに集中すべきだとラリーは指摘する。ラリーは自分の障害を気にせずにいること、あるいは少なくとも、好ましくない無関係としてとらえることを学んだ。そのためには、つねにできることに注力するというスキルも必要になる。どんな人も、できないことではなく、できることを強調すべきだ。「わたしはそれができない」ではなく「わたしはそれをこのようにできる」と言おう。

また、汝自身を知れ、というソクラテスが提唱する務めも実践しなければいけない。自分自身の身体的、精神的能力を知ることは、自分自身の限界を知ることでもある。自分自身の能力を理解していなかったり、さらに、自分自身を欺く自己評価をしたりするのはとても危険だ。何が可能かをいつも最新の状態で、正しく理解しておく必要がある。これは、自分自身の能力だけでなく、そのときどきの特定の（かつ変化する）物理的、社会的環境にも影響される。ラリーはまた、できることとやるべきことが一致しなくなるときを知る訓練をするよう勧める。いわゆる体内警報システムを備えるべきだ、と。それによって、無理な行動をやめるべきときや、活動を始める（あるいは再開する）べきときを知らせてもらうのだ。経験上、自分自身を知るのは難しく、実践と、ある程度の大局観が必要だとラリーはわかっている。

ラリーが三つめに大切にするのは、人生プランだ。そのためには一生を視野に入れ、計画を立て、哲学者が言うように「すべてを考えたうえで」決断する必要がある。それは、何がしたいかを人生の早いうちに見極めて計画を進めるという、ソ連で行なわれていたような単純なものではない。むしろ、自分にとって何が大切か、それをいかに達成するかをじっくり考え、能力と環境の変化に合わせて継続的にプランを見直すべきだ、とラリーは助言する。一貫性のある、意欲的で、達成可能で、修正が可能な、そして、できれば、生きることの満足度を全般的に高めることができる動的なプランを考えるべきである。ラリー自身は、一九八〇年代の後半に、状況を正しく見ることができず、ポリオの後遺症の予兆を否定してしまったことを認めている。状況をよく見極めていたら、長い階段に恐怖を抱いたことには理由があるのだとわかっただろう。

四つめは、内なる調和を求めることだ。それには（動的な）人生プランの各項目をつねに調和させなければならない。精神的、理性的な経験と、欲求と必要性と、行動の理由との調和を図る必要がある。「個人的には、調和のとれた人生は、伝記作家やジャーナリストやゴシップ好きの人には、おあつらえ向きの題材だと思う」と、ラリーは客観的な意見も述べている。

最後に、行く手を阻む壁には注意するように、とラリーは言う。壁にぶつかったときはそれを認めなければならないし、激突する前に察知できればなお良い。秘訣はいつやめるかを知ること。一分早すぎても、一分遅すぎてもいけない。壁を避けるには、一生を通して自分ができることを学び続けるだけでなく、壁のように見えるものが本当に壁であるかどうかを見極めることが重要になる。「目の前に見える壁が錯覚であれば、通り抜けられる。そうでなければ迂回したり、別の道を行ったりしなければならない」問題は、どの壁に慎重になるべきか、どの壁を壊して進んで行くべきかの判断に悩むことだ。そういうときは基本へ立ち返るべきだ、とラリーは言う。まず、基本的な人生の目標と大事なことをはっきりさせること。ラリーにとっては四六年間連れ添った妻と、ふたりで生きていくうえでの目標だ。次に仕事、それから、誰にとっても身体的、社会的に居心地の良い環境を創造することである。こうした大切なことが危険にさらされ、実際の壁が目の前に立ちはだかったとき、あるいは壁に激突したとき、ラリーは立ち止まる。スロープを使わなければいけないことは問題ではないと考えている。「車椅子なしで生活することが、人生の本質的な目標ではない」

ラリーの言葉がすべてを語っている。真剣に研究に取り組み、ストア哲学を熱心に実践し、厳しい環境にありながら自分自身の哲学を貫いて生きている慎み深い人に、わたしは畏敬の念を禁じ得ない。今度、壁に突き当たったときは、ラリーのことを思い出そう。おそらくその壁もわたしの自己中心的な思い込みにすぎないに違いない。エピクテトスは次のように言っている。「忍耐と寛容が大切である」[6]

現代のストア主義者として紹介する二番目の例は、うつ病と闘うアンドリュー・オーバビーだ。ラリーの場合とは異なり、わたしはアンドリューにはまだ会ったことがなく、ブログとSNSを通じて彼を知ったにすぎないので、知り合いとまでは言えないかもしれない。[7]読者のみなさんは、どの例においても、当然のことながら、わたしが個人的な経験を話しているのではない点を心に留めておいていただきたい。幸いにも、わたしはこれほどまでに深刻な状況に陥ることを免れている。だが、人間のすばらしいところは、直接会って話さなくても、言葉を文字にすることによって、他者と意思や感情を伝え合えることだ。他者の気持ちや状態は決して正確にはわからないが、相手に共感できる程度にはわかり合うことができる。[8]

アンドリューは、彼の置かれた状況において、ストア哲学に何ができるかをみずからの視点から語っている。繰り返すが、次の記述はわたしのものではない。わたしはうつ病を患ったことはなく、困難な状況に陥ったと感じている人たちに、理論にもとづいたアドバイスをするのがせいぜいだ。一方、アンドリューの事例には、実践的な哲学がもっともよく示されている。問題を解決するために、何が役に立ち、何が役に立たないかを、みずからの体験を通して発見した人の証言だからだ。ラリーの例でも見てきたように、アンドリューは、ストア哲学が魔法のようにうつ病を治してくれると言い切ってはいない。だが、ストア哲学の実践に利点があることに気づいた。

まず初めに、うつ病を患う人々にとってきわめて重要なことのひとつは、つねに自分自身と自分の精神状態を観察することだ、とアンドリューは言う。それについてストア哲学が役立つのは、自分自身の反応を観察し、自分が世界をどのように見て解釈するのかをじっくり考える訓練となることだろう。

アンドリューがストア哲学との出会いについて書いたのは、二四歳の若さでうつ病に陥ったときだ。発症の原因のひとつは、人生に期待していることと世の中とのギャップ、当時の彼の人生と世の中とのギャップに徐々に気づいたことだった。人生の再評価と、おそらく、ある程度の逃避が必要だったのだろう。アンドリューはストア哲学の本を読み始めた。多くの点で仏教に似ていると聞いたことがあったし、アーカンソー州のクリントン大統領図書館を訪れたときに、クリントン元大統領がストア哲学者でもあったマルクス・アウレリウス帝の信奉者だと知ったからでもあった（クリントン元大統領が人生と職務において、ストア主義者らしく行動したかどうかの議論は別の人に委ねよう）。アンドリューは興味を引かれた。それだけではない。ストア哲学が、とくに古代ローマ時代に目指したものは、平静の域に達することである。それは誰にとっても良いことだが、とりわけ、うつ病患者に効果がある。平静を実現するために、ストア哲学では、ポジティブな感情を育て、ネガティブな感情を観察し、排除する（このテクニックについてはのちの章で詳しく論じる）。他者との交流を重視すること、超消費社会の特徴である外的なものへの執着を否定すること、他者に対する義務と逆境における平静を強調することも、アンドリューには魅力的に思えた。

ストア哲学を通して、アンドリューはうつ病を大事な財産のようなものに変えることを学んだ。「うつ病の人たちは自意識が強い。自己意識が強いあまりに、自分を過度に低く評価し、自分の理想とする基準に合わない小さな瑕疵《かし》のせいで自分を蔑《さげす》み、完璧でないという理由でみずからを貶めてしまう。世の中は、完璧でないものばかりで、人的資本を無駄にしていることがわかっていても、そうしてしまう。うつ病になると、過去の失敗に固執し、過去の出来事や状況をあれこれ思い返して、自信をさらに失うようなこともある。こうした思考は現在に対して、少なくともたいがいの場合は、良い結果をもたらさない。それどころか現在を破綻させ、満たされない渇きの連鎖が作られる。失敗の上にさらに失敗を重ね、それがさらなる失敗を生む」

アンドリューは、ネガティブな思考とうつ病の関係に気づくと、すぐに、コントロールできることとできないことというエピクテトスの二分法を思い出した。わたしたちの決断と行動はコントロールできるが、わたしたちが置かれている状況、他者の意思や行動はコントロールできない。もちろん『語録』や『提要』を読み、自分と同じような状況が描かれているのを見つけ、これだ、その通りだ！　と思ったというわけではない。アンドリューは読み続け、考え続けたのだ。ストア哲学では、わたしたちの行動や内なる感情でさえ変えるためには、意識して何度も繰り返すことが必要だ、と教えている。これは、うつ病やよく似た症状に対する治療法として効果的だと現代の精神科医の多くが認めていることでもある。

アンドリューが、とくにうつ病の治療に役立つと思ったのは、ストア派の哲学者たちが逆境を人生の鍛錬の場にすることを強調している点だ。おそらく、その考えをもっとも強く表しているのが、クリントン元大統領も称賛したマルクス・アウレリウスの『自省録』だろう。「処生術は、舞踊よりも格闘技に似ている。突然の、予期せぬ攻撃に対して、準備し、構えなければならないからだ[9]」ストア主義者は、道場で稽古をしている柔道家のように人生に向き合い、逆境に立ち向かう。敵は必ずしも打ち負かそうとしてくるのではなく、気を緩めるな、と言っているのだ。ストア主義者は敵と向き合いたがる。それが自己鍛錬への道だからだ。現代のストア主義者であるビル・アーヴァインはこう言っている。「ストア哲学の実践によって起こったもっとも興味深い変化は、かつて侮辱を恐れていた自分が、侮辱の専門家になったことだ。まず、侮辱の収集家になった。自分に向けられた侮辱を分析し、分類した。次に、侮辱されるのを心待ちにするようになった。『侮辱ゲーム』を完成させるチャンスにつながるからだ。奇妙に聞こえるかもしれないが、ストア哲学を実践していると、ストア派のテクニックを使うチャンスを求めるようになる[10]」そう、確かに奇妙だ。だが、わたしも同じように解放され、力を得たように感じている。アンドリューもおそらくそうだろう。

アンドリューの証言は、うつ病の人にとくに役立つ、ストア哲学のふたつの実践例を強調している。そのうちひとつは直観に反するものかもしれない。まず、エピクテトスが強調しているように、わたしたちは「心像」を見ているということだ。つまり、わたしたちは、提示されたものにまず反応する。そして多くの場合、それが最初に見せられたものとは違うと気づく。アーヴァインの「侮辱ゲーム」を考えてみよう。誰かに言われたことはその人の意見で、事実にもとづいているかもしれないし、そうでないかもしれない。言われたことを侮辱ととるかそうでないかは、受け取る側が決めることであり、発言者の意図とは無関係だ。誰かがわたしを太っていると言ったとする。まさに子どもの頃はよくそう言われた。さて、これは正しいだろうか。確かに太っていた時期もあった。それなら、なぜ怒るのだろうか。事実を言われて侮辱されたと感じるというのはどういうことだろう。逆に、それは事実と反するのか。そうであれば、侮辱の言葉を言い放った人は、行動が子どもじみているし、間違っている。それがどうやってわたしを傷つけることになるのだろうか。いずれにせよ、相手はこの対決における敗者だ。ここで、われらがエピクテトスの言葉を紹介しておこう。「石のそばに立って、罵るがいい。どんな結果になるだろうか。石のように聞き流す人を罵って、なんの得があるのだろうか。……『あなたを怒らせてやった』、それに益があるのだろうか」[11]

アンドリューが役立つと気づいたことのふたつめは、意外かもしれないが、現代のストア主義者たちが、ネガティブな事象の可視化と呼ぶものである。この基本的な考え方は、現代の認知行動療法や類似の手法にも取り入れられている。これは、良くない結果に終わると思われるシナリオをつねに意識し、自分はそれに対処する力を内に秘めているのだから、実際は思っているほど悪い結果にならないことを繰り返し自分に納得させるというものだ。古代ローマ人がプレメディタティオ・マロールム（弊害になることについてあらかじめ熟考しておく）と呼んだ、こうしたネガティブな事象の可視化の訓練では、車の前に別の車が割り込んできて苛立つといったような日常的なことや、愛する人あるいは自分自身の死といった大事なことに焦点を当てる。

では、なぜ、とくにうつの人が、わざわざ最悪のことを想像するのがいいのだろうか。理由のひとつは、経験的観察によるもので、実際に効果があることだ。ネガティブな事象を可視化すると、その事象に対する恐怖が和らぎ、実際にそういったことが起こったときに対処する心構えができる。この可視化にはもうひとつの利点もある。そういった悪いことが起こらなければ、晴れた日にのんびりと車を走らせたり、愛する人たちが生きて、元気で一緒にいられるのを楽しんだりするときに、つねに新たな感謝の念を抱けることだ。

三番めに紹介するストア主義者は、名前さえ知らない人で、わたしはその人が匿名で書いた記事を読んだ。[12] 記事を書く一〇年前に自閉症スペクトラム障害と診断された彼女が（便宜上、女性ということにしよう）、今、どのような経験をしているかはわからない。彼女は、障害に加えて、学者になるという夢が断たれたときに、うつ病を併発した。歴史学者になって仕事を見つけるという外的な問題はかなり大きかったが、そのせいではなく、現代の学者が形成する社会環境に溶け込めないという内的な問題のせいだった。毎日が、失敗への恐怖と自信喪失に支配され、ついに精神科病院に運び込まれた。退院して、ストア哲学を再発見した。子どもの頃、十代の読者に向けた人気の哲学書だったヨースタイン・ゴルデルの『ソフィーの世界』を読んで、ストア哲学のことは知っていた。あらためて、有益な情報を求めて「認知行動療法」というキーワードでグーグル検索したところ、仏教とストア哲学の手法を実践している人のウェブサイトを見つけた。

サイトを読み、ローマの劇作家で演説家でもあったセネカにもっとも共感できると思うようになった（これが現代のストア主義者の興味深いところだ。彼らは、おそらくそれぞれの性格によって、好みのストア派の哲学者を見つけ、その人物独特の哲学の解釈に引き込まれる。わたしのお気に入りは、もちろんエピクテトスだ）。セネカは自己認識について述べ、ときとして自分が自分自身の成長の最大の妨げになると言った。わたしたちはどこに行くべきかを知っている。それはわたしたちが行きたいところだ。それなのになぜか立ち上がって、旅に出ることができない。このセネカの観察が彼女の心に響いたらしい。

「自閉症スペクトラムに苦しむ人の問題は、自分にとって何が一番良いかがわかってしまうことだ。自閉症の患者のなかには、人生の大半において目的意識を持とうと苦しんでいる人もいると言われている」

彼女がストア哲学に引かれたふたつめの点は、人間の存在の社会的側面に関するセネカの主張だった。セネカは次のような有名な言葉を述べている。「他者との関係は石橋に似ている。それぞれの石が支えあわなければ崩れ落ちてしまうため、こうして支えあっている[13]」社会的に有益な形で他者と関わることは、いまだ彼女の最大の課題である。だが、少なくとも、今、彼女の心のなかにははっきりした目標がある。ストア哲学の理解によって、彼女はその目標に向かっていく。そして、彼女に頼られるたびにセネカは言う。「わたしが成長できるかどうかはわからない。だが、信念を失うよりも、成功を失うほうがいい[14]」

ここまで見てきた三人の例には共通する基本的なものがある。ラリーにとって、ストア哲学はものの見方を変えるきっかけとなり、人生のとらえ方を大きく変えた。それは、アンドリューにとっても、匿名の彼女にとっても同じである。重要なのは、これこそ哲学が意図しているものだということだ。有名なストア哲学の著者はみな、自分の状況をよく考え、別の角度から物事を見るように努力するのが大切だと述べている。すなわち、より冷静で、より思いやりのある視点を持つということである。このふたつが両立しないはずはないし、ストア哲学では両立するものとされている。ものの見方が変われば、状況によりうまく対応できるようになる。ストア哲学は受け身の姿勢を促しているとしばしば批判されるが、わたしたちが知っているストア主義者のほとんどは行動する人々で、自分の力の限りを尽くして、世界をより良いものにしようとした。いずれにせよ、折り合いをつけることは人間には欠かせないスキルであり、車椅子の生活を強いられたり、うつ病と闘ったり、自閉症に苦しんでいたりする人だけに限らず、誰にとっても役に立つ。生きていれば、厳しい状況に直面するのは避けられず、そうした状況を甘んじて受け入れなければいけないときもあるからだ。

最後に、物事を異なる視点から観察し、それによって理解をすることと、折り合いをつける能力から引き出される自信の組み合わせによって、思いもよらなかった方法で、問題に対処できるようになることもある。たとえば、精神科医はラリーに問題の解決策をいくつか示した。ラリーはばかばかしいと思ったが、そのうちのひとつはとても現実的なものであることがわかった。ストア哲学は決して万能薬ではない。だが、本章で見てきたような困難な状況で役立つのであれば、どんな哲学でも、注目し、実践してみる価値があるだろう。

3部

受容の原則　状況にいかに対処するか

11章　死と自殺について

わたしは死ななければならない。すぐにというなら、今、死のう。じきに、というのであれば、今は食事をしよう。食事の時間だから。その後、死ぬときが来たら死のう。

——エピクテトス『語録』一・一

古代のストア哲学者は、死をとても気にかけていた。いや、「気にかけていた」というのは厳密には正しい表現ではない。死ぬということと、人間がそれに加えた重みを理解し、きわめて独特で前向きな見方を発展させたのだ。[1]

実は、わたしはこのテーマについてエピクテトスと真剣に対話をしてきた。かつては死を気に病んだものだ。それどころか、ほぼ毎日、死のことを考えていた時期もあったし、一日に何度も考えたこともあった。とは言っても、わたしは陰鬱な考えにとらわれて、ふさぎ込むようなタイプでもない。逆に、人生に対してつねに楽観的で、運命に与えられるもの（ありがたいことにこれまで多くを与えられた）はなんでも楽しみ、最善を尽くして取り組んできた。しかも、わたしは生物学者である。死は自然の現象であり、何十億年も前からわたしたちの祖先がたどってきた進化の過程の一部であることもわかっている（もしわたしたちが仮にバクテリアであるなら、老衰ではなく、偶然の出来事によって死ぬ。よって、人生哲学を確立することもできない）。それでも、いつの日か自分の意識が消えると思うと恐怖に襲われた。ところが、本章の冒頭に掲げたエピクテトスの言葉を初めて読んだとき、それが変わりはじめた。わたしは大笑いし、こう思った。誰もが何より恐れているものに対して、なんと屈託のないことか。

エピクテトスは、わたしがなぜあれほど悩まされたのかも説明してくれた。「麦はなんのために成長するのだろうか。太陽のなかで穂を実らせるためではないだろうか。穂を実らせるのは、刈り取られるためではないだろうか。それらは一体なのだ。麦は、もし感情を持っているとしたら、刈り取られないように祈るべきだろうか。刈り取られないのは、麦にとって災いである。同様に、人間が死なないように祈ることは、災いを為しているのだ。それは麦が、実がならないよう、刈り取られないよう祈るのと同じである。だが、わたしたち人間は、刈り取られるべき運命にありながら、刈り取られるべき運命にあることを知ると、怒りを感じる。それは自分がなんであるかを知らないからであり、馬を扱うのに長けた者が馬についてよく研究しているのとは異なり、人間について学んでいないからである」[2]

興味深い一節である。ここでは相互に関連する三つの考えが示されている。第一に、わたしたちはほかの生物と変わりがないということ。太陽の光を受けて実る運命にある麦のように、わたしたちも刈り取られる運命にある。ストア哲学者はある種の宇宙の摂理を信じていたので、現代を生きるわたしたちの大半よりも、運命をそのまま受け入れた。現代科学の観点からも、わたしたちは宇宙におそらく何十億と存在するであろう居住可能な惑星のひとつで生きている、何百万という種のひとつにすぎないことは明らかだ。

第二の考えはきわめて重要なものだ。すなわち、わたしたちが自分の死という行く末に穏やかでいられないのは、麦や、地球上にあるその他多くの生物とは異なり、死について考えられるせいである。だが、死について知ったとしても、その本質は変えられない。死に対するわたしたちの態度を変えることができるだけである。これは、コントロールできることとできないこと、というストア哲学の基本的な二分法に立ち返ることになる。つまり、死そのものはわたしたちにはコントロールできない（いずれにしても避けられない）が、死をどう考えるかは間違いなくコントロールできる。そのことについてもう少し考えてみたいし、考える必要がある。

この第二の考えは第三の考えに通じる。エピクテトスは、人間について学ぶことと、馬について学ぶことを類比させた。死を恐れるのは無知ゆえであり、調教師が馬を知り、理解するように、わたしたちがもっと人間のありようを知り、正しく理解すれば、来たるべき死への向きあい方が変わる。

それでもまだ、わたしが十分に納得していないのを察したエピクテトスは、戦術を変えた。すぐれた教師なら、前途有望ながら大事な点を頑として受け入れようとしない生徒を前にすればそうするだろう。「それではきみは、人間の悪意や、卑怯や臆病のおもな源は死でなく、むしろ死に対する恐怖であることはわかるか。わかるなら、どうか自分自身を訓練してほしい。すべての思考、すべての訓諭、すべての鍛錬をそれに向けるがいい。そうすることによって人はようやく自由になれるのがわかるだろう」[3] セネカなど他のストア哲学者や、ストア哲学者に影響を受けたモンテーニュなど後世の人々もこうした考えを受け入れた。[4] 哲学が役立つことがあるとすれば、もっとも良く生きることに加え、死を恐れるべきではないという事実をいかに受け入れるべきかを示して、人間をより深く理解できるようにすることだ。それについては、ストア派の最大のライバルであるエピクロス派も、完全に同意している。エピクロス派の創始者であるエピクロスは『メノイケウス宛の手紙』で次のように記した。「それゆえ死は、もっとも恐ろしく悪いものだが、われわれにとってはなんでもないことなのだ。われわれが存在するかぎり、死はやって来ず、死が来たときには、われわれはもはや存在しないからである」[5]

それでは、病気になったときは？　おそらく真の問題は死ぬことではなく、死に至る過程ではないかと考えながら、わたしはエピクテトスに尋ねた。「きみは立派に耐えるだろう」とエピクテトスは言った。[6]もちろん。だが、誰がわたしの面倒を見てくれるのだろうか。「神と友人たちが」とエピクテトスは答える。けれど、わたしは固いベッドに横たわらなければならないでしょうね。「だが、男らしく耐え抜けばいい」きちんとした家は持てないのでしょうか。「それでも、病気になるのは変わらない」手厳しい師である。だが、すべて、ストア哲学の枠組みにおいては筋が通っている。人間が病気になるのは紛れもない事実であり、多くの人はそのひとつによって死に至る。だから、友人や愛する人々がそばにいてくれるなら、自分は幸運だと思うべきだし、それは、自分が他者とそうした関係を維持できるまともな人間であったことを意味する。彼らは病気を治すことも、命を救うこともできないが、最期に至る過程に付き添い、安らぎを与えてくれる。もちろん、ちゃんとした家の柔らかいベッドの上で人生の旅を終えられればもっといいだろう。だが、これから確実に起こり、わたしたちの意識のすべてを向けるべきものに比べれば、家もベッドも些細な問題にすぎない。

そこで当然ながら、わたしは言った。いずれ死ぬときが来ますからね。「なぜ『死』などと言うのか[7]」エピクテトスはわたしを正した。「もったいつけずに、事実をそのまま言えばいい。『物質がそれを構成していた元素に戻るときだ』と。その何が怖いのか。その損失は宇宙にとっては何を意味するのか。奇妙で、不合理な出来事だろうか」自分自身のことばかり考えるのではなく、もっと視野を広げろ、と冷静な理性の声が言う。子どもの頃、わたしが科学者のロールモデルと仰《あお》いでいた天文学者のカール・セーガンは、人間は星屑であるという事実を考えてみるようにと言った。人間の身体を形作る分子は、太陽系の近くで超新星が爆発して生じた元素が、数十億年にわたる進化を経たものだという。それを思うと厳粛な気持ちになる。それを裏返したのが、エピクテトスの言葉だ。わたしたちは塵《ちり》に戻り、わたしたちを作っていた化学元素は宇宙の営みのなかで再生されて、新しい生命に生まれ変わる。こうした宇宙の営みに意味があるのか、あるいは、ただそういうものなのかはどうでもいい。いずれにしても、わたしたちは宇宙の塵から生まれ、宇宙の塵に返るのだ。そう考えれば、この世に存在して、飲んで、食べて、愛するという、宇宙から見ればごく短い瞬間が愛おしくなる。その瞬間がいずれ終わるのを嘆くのは合理的でないばかりか、無益だ。

それでも、納得できない人もいるだろう。それどころか、技術楽観主義者の多くは、死を治すべき病と考え、その努力に多額の資金を投じている。みずからを「トランスヒューマニスト」と呼ぶこうした技術楽観主義者は、世界でもとくに影響力の大きいテクノロジー企業が集まるシリコンバレーの、大富豪の白人男性のなかに多く見られる。もっとも有名で強い影響力を持つのはレイ・カーツワイルだろう。現在、グーグル社で自然言語を解するソフトウェアの開発にあたっている未来主義者《フューチャリスト》だ。フューチャリストとは未来についての研究や予測ができると考える人たちである。

カーツワイルは、史上初のOCR（オムニフォント光学式文字認識システム）の開発をはじめ、大きな成功をいくつか収めている。本書執筆時点では六八歳で、以前から、永遠に生きるにはわたしたちの意識をコンピューターにアップロードすればいいと論じてきた。それももうすぐ可能だと言う。実際、その究極の技術は、いわゆるシンギュラリティ（技術的特異点）の到来の前に適切な扱いを考えておくべきだろう。シンギュラリティとは数学者のスタニスワフ・ウラムの造語で、コンピューターが人間の知能を超えて独自に、そして、おそらくは人間がいなくても、技術的な発達を始める時点のことである。

ここでは、わたしがなぜシンギュラリティという概念が知性の性質を根本的に誤解したものであると考えるのか、あるいは、なぜ、モノでもソフトウェアでもない人間の意識をコンピューターに「アップロード」などできるはずがないと考えるのかを説明するのは控えよう。[8] それよりも、カーツワイルのような人や、その狂信的ともいえる信奉者に見られる厚かましさのほうが興味深い。彼らは、自分たちが重要な人間であり、神のごとく自然の法則を超えることができると思い込んでいて、そのために投じる法外な費用や労力を振り向ければ、世界が今まさに直面している喫緊の問題を改善できることも、彼らが主張する未来が実現した場合に生じる倫理的および環境的問題などについても、考えてみようとしないのだ。そのような新しい技術を誰が、どれだけの費用を払って利用するというのだろうか。（トランスヒューマニストの一部が期待するアップロードではなく）わたしたちが死なない身体になれたとしたら、わたしたちはこれからも子どもを産むだろうか。もし、子どもを産み続けるなら、すでに病んだ地球は、どのように膨れ上がる人口が必要とする天然資源を供給し、増える一方の廃棄物に対処するのか。なるほど、わたしたちは、他の惑星を植民地として地球の外へと発展するというわけか。銀河系に人が住める世界があるのかどうかがまだわかっていないとか、たとえそういった世界があったとしても、そこへいかに到達するかの手がかりがないとかいったこともかまわないらしい。わたしはトランスヒューマニズムについて考えるたびに、ギリシャ語のヒュブリス（驕慢、傲慢）という言葉がおそろしいほど当てはまるように思えてしかたがない。

カーツワイルのような人たちは、どんな犠牲を払っても、パーティーから立ち去るつもりはないらしい。出席することの恩恵はそれほど大きいのだろうか。カーツワイルなら、「いや、ぼくはもっと祭りを楽しみたい」と言って、エピクテトスから次のように返されるだろう。「秘儀を行なう者たちも儀式を続けたいだろうし、オリンピアの観衆も他の競技者を見たいだろう。しかし祭りは終わったのだ、出ていきたまえ。感謝をしながら、慎み深く去り、ほかの人たちに場所を譲るのだ。ほかの人たちも、きみが生まれたように生まれなければならないし、生まれるには部屋や住居や必要なものを持たなければならない。最初の者たちが退場しなければ、彼らのために何が残るだろうか。なぜきみは、満足することを知らないのか。なぜ、世界を混みあわせるのか」[9] ここで、本章のふたつめのテーマに移ろう。きわめて繊細であるとともに、この問題についてはストア哲学者たちがじっくりと考えたし、わたしも現代に非常に関連が深いと思っている。それは自殺についてである。

二〇一六年七月の週末の二三日と二四日、パフォーマンス・アーティストのベッツィ・デービスは、親しい友人と家族を三〇人ほど集めてパーティーを開いた。[10] チェロやハーモニカを演奏したり、カクテルを飲んだり、ピザを食べたり、ベッツィの好きな映画「リアリティのダンス」を鑑賞したりと楽しい会だった。日曜日のもうすぐ日が暮れようという頃、招かれた客は帰り、ベッツィはラップ・アラウンド・ポーチで日が沈むのを眺めた。それからまもなくして、介護者、医師、マッサージ療法士、妹の立ち会いのもと、医師が処方したモルヒネ、ペントバルビタール、抱水クロラールの混合薬を飲み、安らかに亡くなった。

ベッツィはALS（筋萎縮性側索硬化症）を患っていた。筋肉がまったく動かせなくなった。四一歳の彼女は、パフォーマンスどころか、歯を磨いたり、かゆいところをかいたりするだけでなく、立つことさえできなくなっていた。言葉も不明瞭になり、誰かに通訳してもらわなければならない。そのため、先頃、カリフォルニア州が幇助《ほうじょ》を伴う自死を合法化したのを機会に、尊厳を保ってこの世から退場することを選んだ。ベッツィの美しくて悲痛な話は、エピクテトスに通じている。「もし、きみに有益でないなら、扉は開いている。もし有益ならば、辛抱するがいい。すべてに対して、扉は開いているはずであり、わたしたちには何も厄介なことはないからだ[11]」エピクテトスはこう穏やかに答えている。「開いている扉」とは、自殺について語りたいときに、弟子に向かって使った表現だ[12]。わたしが困惑するのを見て、エピクテトスはさらに語った。「家の中に煙が立ったとする。それほどひどくなければ、わたしは留まろう。あまりにひどければ、出ていこう。なぜなら、扉が開いていることを覚えているし、忘れないからだ。命令が来る。『ニコポリスに住むな』住まない。『アテネはだめだ』アテネはあきらめる。『ローマはいけない』ローマをあきらめる。『ギュアラに住むといい』わたしはギュアラに住む。だが、ギュアラには煙が多すぎると思う。わたしは、住むのに誰の反対もないところへ去ろう。というのは、その住まいは誰に対しても開かれているから[13]」

これについてもう少し考える前に、ギュアラについて歴史的に興味深い話をさせてほしい。ギュアラはエピクテトスにとって、「開いている扉」から出ていこうと考えるほど、耐え難い土地だったようだ。ギリシャのキクラデス諸島に属するこの小さな島は、古代ローマ時代には厄介者の追放先だった。エピクテトスの師であるムソニウス・ルフスもそこに追放された。ムソニウスは、ピソの陰謀に加わったかどで皇帝ネロに追放されたが、陰謀に関与した可能性は低い（ギュアラへの追放は、ムソニウスにとって二度めだった）。ギュアラへ罪人を送るのは面白い行為とは思えないが、一九六七年から一九七四年までギリシャを支配した軍事政権が復活させた。このとき、左派の知識人がストア哲学者の立場に置かれ、約二万二〇〇〇人が追放された。ギュアラの環境がどれほど劣悪なものであっても、ムソニウスはエピクテトスよりも頑強だったのかもしれない。「開いている扉」を選ばず、ローマに呼び戻されるのをこの島で待ったからだ。

エピクテトスに話を戻そう。先ほど引用した一節には、注目すべき点がいくつもある。まず、エピクテトスは、「扉」から出ていくかどうかについては、個人がそれぞれの状況に応じて判断するべきだと述べている。状況が真に耐え難いのなら、立ち去るという選択肢もある。次に、扉は開いているはずなので、何の問題もないというのも重要である。つまり、過酷な状況やつらい時期を耐えられるのは、いつでも別の手段を選べる可能性があるからだ。ストア派の哲学者たちにとって、死そのものが生きていくための待ったなしの理由になるのと同じように、人生から自発的に退場できるという可能性があれば、耐え難い状況で正しいことをする勇気を得られる。最後に、「命令」が来るということに注目しよう。学者たちは、エピクテトスがここでさりげなく神のことを示唆したとしているが、それについては宗教的な読み方も非宗教的な読み方も可能だ。

エピクテトスは宇宙の計画における神の摂理を、他のストア哲学者よりも強く信じていた。ただし、その計画は、祈りに応えたり、ひとりひとりの運命に関与したりする人格神が立てたものではない。エピクテトスはふたたび別のたとえを用いて説明した。「たとえば脚は、きれいにしておくことが自然だが、もし脚を切断されたものではなく、単なる脚として受け入れれば、それは泥のなかを歩くことにも、いばらを踏むことにも、ときには、全身のために切断されることにもふさわしいのだ。わたしたちも自分自身のことをそのように考えるべきである」[14] これは、自分自身を身体（宇宙）から切り離せという「命令」のようなものが発せられているという考え方を説明している。だが、その命令はどうしたらわかるだろうか。宇宙の意思をどのように解釈すればいいのだろうか。理性はそのためにあるのだ。したがって、状況を検討し、宇宙の命令に耳を傾けるか否かを決めるのは、すべてわたしたちひとりひとりの責任である。言い換えれば、開いている扉から出ていくべきときか、あるいは留まって別の日に戦うべきかを判断するのは、自分自身なのだ。

ストア派は現実的な哲学者であるため、過去の例を参考にして、そうした判断をくだす能力を調整した。わたし自身もベッツィ・デービスの話によって病や死すべき運命について考えた。自殺をしたと言われるストア哲学者の最初の例は、ストア派の創始者であるキプロスのゼノンだ。ディオゲネス・ラエルティオスは著書『ギリシャ哲学者列伝』のなかで、ゼノンがどのように死んだかについていくつか異なるエピソードを語っている（もちろん、正しいのはひとつだけのはず）。ひとつは、年老いて体が衰え、痛みに苛《さいな》まれて、社会に貢献できるものはもう何もないと判断した結果、餓死したというものだ。これが真実かどうかはわからないが、重要である。なぜなら、ある状況においては、開いている扉から出ていくことが許されるというストア哲学の考え方が示されているからだ。創始者のゼノンがそうしたかもしれないのだ。

ストア派の哲学者の例はまだいくつかあるので、視野を広げるため、あとふたつだけ紹介しよう。すでに紹介したように小カトーは、ユリウス・カエサルの手に落ちるのを嫌い、みずからのはらわたを引っ張りだした。最後の例は、ストア哲学の研究者のなかでも評価が分かれるセネカである。[15]皇帝ネロに仕えたことを考えると、セネカが自分自身の哲学にどの程度、忠実に生きたのかはわからない。偽善的な策略家から世俗的な聖人まであらゆる描き方をされているが、真実はそのあいだのどこかにあるのだろう。セネカには、彼自身が繰り返し記しているように欠点があるが、どうにもならない状況のなかで最善を尽くした。最初の五年間は、皇帝ネロを導き、凶事を食い止め、最終的には乱心乱行が進むネロを抑えられなくなった。そして、先に述べたように、ピソの陰謀への関与を疑われた。ムソニウスも、おそらく捏造だろうが、ピソの陰謀に関わったかどで追放されている。セネカは、ネロに自害を命じられ、それに従った。六九歳のときだった。ほかの多くの人と同じように、抵抗したり（おそらく無駄だったろうが）、逃亡を図ったり、命乞いしたりすることもできたかもしれない。しかし、セネカは尊厳を保ったままこの世から退場することを選んだ。自分自身の姿勢を貫くためでもあり、家族に遺せるようある程度の財産を守るためでもあった。

ここまで、ゼノン、カトー、セネカの例を歴史的な背景と併せて紹介したのは、開いている扉から出ていく五つの異なる理由を示しているからである。ゼノンが出ていったのは、ひどくなる一方の耐え難い痛みのせいであり、自分が社会の役に立てなくなったと感じたからだ。ベッツィ・デービスの場合とそれほど違いはない。カトーには、政治的な信条を守るという道義にもとづいた理由があった。セネカは、自分自身の尊厳と、あとに残していく者を守るためだった（ジェームズ・ストックデールの自殺未遂の例をここに加えてもいいかもしれない）。こうした自殺の理由のいくつかが現在、軍隊、倫理、医療の分野で議論されている。世界の見方を進化させるためにストア哲学が貢献できることは今なお多い。確かにわたしたちはより大きな善のために命を犠牲にする人を英雄視する。また、二三〇〇年前のゼノンのように、自分の人生はこれまでだと感じる人の救済として、カリフォルニア州と同じく、自殺の幇助を合法化した、あるいは少なくとも合法化を検討しようとしている国が増えている。もちろん、賛否は分かれるだろう。カトーのような（あるいは成功していたらストックデールのような）政治的な目的による自殺は高潔だとも言えるが、こんにちの自爆テロは悲惨だとも言えるからだ。また、自分の意志で生を終えることを、権利ととらえる人も、命に対する冒瀆《ぼうとく》ととらえる人もいる。

さらに、それらしい理由もなく自殺するという危険もある。たとえば、心を病んだ人が回復のための助けを求めているときは、人生を終わらせたいわけではないので、扉から出ていくというストア哲学の論理を決して用いてはならない。同様に、ストア哲学者としては認めることができない、軽率な理由もある。たとえば、ゲーテの『若きウェルテルの悩み』が一七七四年に出版されたとき、自分自身を現実世界のウェルテルだと思い込んだ若者たちが何人も模倣自殺をした。そのため、同書がいくつかの地で発禁となった。一九七四年には社会学者のデヴィッド・フィリップスが、有名人や小説の登場人物などに触発された自殺が連鎖的に広まる現象を「ウェルテル効果」と名づけている。

エピクテトスは賢明にもこの危険を感じ、自殺を軽く見るのがストア哲学ではないと述べている。「こうした考えを誤解する人の例をもうひとつ話そう。わたしのある友人はなんということもない理由から餓死しようと決心した。わたしは友人が断食を始めて三日めだと知ったので、友人のところへ行き、どうしたのかと尋ねた。『そう決めたのだ』と友人は言った。それにしても、なぜそんなことを決めたのか。もしきみの決断が正しいなら、きみが死ねるように、そばにいて手を貸そう。だがきみの決断が道理に合わないなら、考えを変えたまえ。『決めたことは守らなければならない』きみは何を言っているのだ。守らねばならないのはすべての決断ではなく、正しい決断だ[16]」エピクテトスはさらに言った。

「留まりなさい。理由なく去ってはいけない[17]」

12章　怒り、不安、孤独にいかに対処するか

どこへ行こうともそこには太陽があるし、月もある。星も、夢も、前兆も、神々との会話も。

――エピクテトス『語録』三・一三

哲学者は、お高くとまり、ほかの人にはどうでもいいことをいつまでも考えている、とよく揶揄される。さらには、考えるふりをしているだけの、頭の良いペテン師にすぎず、無意味なこと、取るに足らないことをわけのわからない言葉で飾って広めているとさえ言われることもある。すでに紀元前四二三年には、ギリシャの偉大な劇作家アリストファネスが『雲』において、ソクラテスを詭弁家《ソフィスト》（当時から現代にいたるまで褒め言葉ではない）として物笑いの種にした。一方、四五歳のソクラテスは意に介さなかったようである。[1]

劇を見ていた外国人が「ソクラテスというのは誰だ」と問うと、ソクラテスが機嫌よく立ち上がって、劇場にいた観客の前に姿を見せたと言われる。

このような知識偏重が事実であったのか、単にそう思われていたのかはさておき、こうした反動によって、ソクラテス後のヘレニズム哲学は実用主義を強調する傾向があった。とりわけストア派はそうだった。現代生活では、怒り、不安、孤独といった三つの悩みに対処することこそ実用的だと言えるだろう。もちろん、本書は即効性を約束するような、ありきたりな自己啓発本ではない。正当なストア哲学のやり方で、冷静に、合理的に、現実的な予想をたてながら、問題に対処する。

これは、エピクテトスとの会話から学んだ姿勢だ。エピクテトスはこう述べている。

昨日、音がしたのを耳にして窓に走り寄ったら、家の守り神のそばに置いていた鉄製のランプが盗まれていた。わたしは、盗んだ者がどうしても気持ちが抑えられなかったのだろうと考えた。それでわたしはどうしただろうか。明日、陶製のものを見つけよう、と考えた。わたしがランプをなくしたのは、警戒という意味では、わたしよりも盗んだ者がすぐれていたからである。だが、盗んだ者はランプの対価を払った。ランプのために盗人となり、ランプのために信義に背き、ランプのためにけだものになった。[2]

いつものように、エピクテトスの言葉には多くのことが含まれており、その見方を完全に理解するにはじっくりと考えてみる必要がある。まず、エピクテトスは、取り乱したり、怒ったりせず淡々としている。しかも、すぐにふたつの現実的な結論に達する。失ったのは、簡単に替えのきくもの（明日、別のランプを見つける）であること、再度の盗みを防ぐために、もっと安くても同じような効果があるもの（鉄製ではなく陶製のランプ）を選ぶべきである、と。警戒して盗人に勝とうとすることに価値はない。その後、出来事の意味が深く分析されている。エピクテトスは、盗人がどうしても気持ちが抑えられず、自分の行ないに価値があると判断したのだろう、と考えた。だが、その判断には同意せず、その結果に大きな問題があるとしている。[3]盗人は、鉄製のランプを手に入れたが、代わりにもっとずっと貴重なものである義を失った。

不幸にも、わたしは本書の執筆中に、エピクテトスの教えを試す機会に見舞われた。同行者と、ローマの地下鉄A線に乗ろうとしたときのことだ。のんびりとした夜を過ごそうと、わたしの弟とその妻に会いに行くところだった。電車に乗ろうとするとそばにいた男が強く押し返してきた。車両は混んではいたが我慢できないほどではなく、十分な場所があった。何秒かのち、ようやく何が起きているのかに気づいたときは、もう遅かった。その頑固な男に気を取られている間に、男の友人が、わたしのズボンの左の前ポケットから財布を抜き取り、扉が閉まる寸前に、すばやく車両から降りたのだ。わたしは警戒を怠ったために まんまとしてやられ、盗人の手際の良さを称える羽目になった。ストア主義者的な言い方をすれば、初めの気持ちは、驚きと騙されたことへの不満だった。だが、すぐにエピクテトスを思い出し、そうした気持ちを受け入れないことにした。確かに、財布、いくらかの現金、数枚のクレジットカードをなくした。カードについては利用を停止する必要がある。運転免許証も再発行しなければならない。とはいえ、現代のすばらしい電子技術をもってすれば、スマートフォン（これはもう片方のポケットにあったので盗られなかった！）を少し操作し、数日待てばすべて解決できる。しかし、泥棒はそれによって義を失ったのだ。ストア哲学を学ぶ前にこうした経験をしていたなら、その夜は腹立ちが収まらなかっただろう。それは、ほかのみんなにとっても良いことではない（そうしたところで盗人に影響を与えたり、財布を取り戻したりできるわけでもない）。だが、わたしは怒る代わりに、ほんの数分のうちに、心のなかでその出来事を処理し、弟とその妻に会う頃には平静を取り戻し、みんなで映画を観て夜を楽しんだ。

エピクテトスのランプの話も、わたしの地下鉄での出来事も、宿命論や敗北主義を勧めるものではない。どちらも状況から距離を置いて合理的に分析し、コントロールできるもの、できないものという二分法を忘れるべきではないことを提案している。この世界から窃盗をなくすのはわたしたちの力が及ぶことではないが、努力と時間を費やす価値があると思うなら、細心の注意を払って窃盗に遭わないようにすることはできる。自分を貶めてもランプや財布を手に入れるべきだとする泥棒の判断を覆すことはわたしたちの力ではできないが、自分の判断は自分で変えられる。

もう気づいているかもしれないが、ストア哲学では言い換えが重要とされる。キリスト教にも同様の考え方（罪を憎んで人を憎まず）があるし、現代心理学の研究によると、状況をとらえ直すことは、怒りや感情を処理するのにきわめて大切な要素になる。[4] それでもわたしが、泥棒や犯罪に対するエピクテトスの態度はあまりにのんきではないかと思い、それを指摘したとすれば、きっと次のような返事がくるだろう。「『信じられない！』ときみは言うかもしれない。『この泥棒とこの姦通者は処刑されるべきではないですか』と。そう言ってはならない。むしろこう言おう。『もっとも大切なことについて迷い、欺かれ、白と黒を区別できないだけでなく、善いことと悪いことの判断がつかないほど目がくらんでいる者は破滅させられるべきではないか』と。こう言い換えてみれば、きみが言っていることがいかに非人間的であるかがわかるだろう。それは、『目の見えない者、耳が聞こえない者を殺すべきではないか』と言うのと同じようなことだ」[5] わたしは、もちろん殺すなどということは少しも考えていないが、エピクテトスの言う通りだと思う。古代ギリシャの「アマティア」の概念を理解すれば、人間は過ちによって悪事を働くため、悪事を働いた人を非難するのではなく、その人を憐れみ、できれば救いの手を差し伸べるべきだと考える助けになるかもしれない。この概念は、とくにアメリカではあまり普及していないが、ヨーロッパの国などで実施されている、犯罪者更生のためのもっとも革新的かつ効果的な方法の背景になっている。[6]

アメリカ心理学会（ＡＰＡ）の助言も、怒りや苛立ちとうまくつきあうためには有益だろう。初期のストア派の教えとよく似ていて、多くの体系的な実証的事実によって裏づけられている。[7] まず、ＡＰＡは、リラックスするためのテクニックをいくつか勧めている。たとえば、「力を抜いて」とかいったような言葉をマントラのように唱えながら、（胸ではなく腹で）深い呼吸することなどだ。心が静まる情景や心地の良い状況を思い浮かべるといったイメージを使うのもいいし、ヨガのようにあまり激しくない運動をするのも効果的だ。ストア哲学者はマントラを唱えることはしなかったが、簡単で気の利いた言葉を覚えておき、困難に直面したらすぐに思い出すよう実践者に助言をした。実際、エピクテトスの『語録』をアリアヌスが要約した『提要』は、正念場でとっさに使うための便利な覚え書きととらえることができる。また、セネカは、抑えられないほどの怒りを一時的な狂気と考え、それを感じはじめたときは、深呼吸をし、散歩をするように提案している。さらに、友人のルキリウスに宛てた手紙で、運動は、体型を保つだけでなく、気持ちを静める効果もあるので、年配者にとっても良いことだと書いている。わたしはどれも効果があることを実感している。自制心を失いそうになったときにわたしがよく行なうのは、中座し、深呼吸のできる静かな場所へ移動すること（トイレでもいい！）と、「忍耐と寛容が大切」という、エピクテトスのモットーを何度も心のなかで唱えることだ。

こうした助言は、生理的、そして精神的な応急処置であり、差し迫った危機に役立つが、怒りを効果的に制御するには、いくつかの長期的な対策も必要だ、とＡＰＡは言う。その方法のひとつが、認知の再構築である。本書でも先ほどのものを含めて、その例を多く紹介してきた。ＡＰＡは、「大変だ」と言う代わりに、「こんなことに関わりたくないが、なんとか対処できるし、怒っても解決にならない」といったような意味の言葉に置き換えるよう勧めている。さらに、世の中がいつも思い通りになるわけではないことを考えれば、この助言は、要求を希望に置き換えることでもある。これは、ビル・アーヴァインが提唱した現代のストア主義の概念、「目標の内面化」とよく似ている。たとえば、わたしが昇進を希望しているとする（求めるのでも、必要とするのでもない）。だから、そのために全力を尽くす。本当に昇進できるかどうかは、自分にはコントロールできない。自分の意志とは関係のない多くの要素が関係するからだ。このように考えるのである。ＡＰＡの記事は、「論理は怒りを負かす。なぜなら、怒りは、たとえ正当なものでも、すぐに分別のないものになるからだ。よって、自分を理屈攻めにするといい」ということを思い出させる。エピクテトスであれば同じようなことを書いただろう。

次に、ＡＰＡは、問題に対して（不満を述べるのではなく）解決できるよう取り組むべきだと助言しているが、ある忠告をしている。それは、一般的に信じられているのとは逆に、すべての問題に解決策があるわけではないということだ。したがって、状況の許す限り努力したうえで、解決できないこともあるのを理解するべきである。答えを見つけることだけでなく、努力が報われない可能性も含めて、すべての状況にどう対処するかに注力すべきだ、とAPAは言う。古代の知恵がここにも表れている。

怒りとうまくつきあうもうひとつの大切な方法を、APAは「より良いコミュニケーション」、とりわけ自分を怒らせる人とのより良いコミュニケーションに分類している。おもしろいことに、この助言の大部分もストア哲学の教えと似ている。すなわち、わたしたちは、怒りを感じる状況を、できる限り冷静に正確に表現するべきだという教えであり、エピクテトスはそれを「心像を受容する」(あるいは受容しない)と呼んだ。ちょうどわたしが財布を盗まれたときにやったようなことである。他人の言葉にすぐに反応するのは、状況を悪化させるだけで、決して得策ではない。そうではなく、ゆったり構え、相手の言葉を言い換え、時間をかけて、その言葉の根本にあるかもしれない動機を分析してから初めて反応したほうがいい。たとえば、友人の要求が不当で、干渉のしすぎだと苛立たしく思うかもしれない。だがその要求は、もっと注目してほしい、かまってほしいという欲求から来ている可能性はないだろうか。あなたが牢に拘束されたと感じない方法で、対処できるのではないだろうか。

ＡＰＡは怒りへの対策として、ユーモアを用いることも勧めている。これは、エピクテトスのような古代のストア哲学者や、アーヴァインのような現代のストア主義者も取り入れている。たとえば、エピクテトスは「すぐにというなら、今、死のう。じきに、というのであれば、今は食事をしよう。食事の時間だから」と言っているし、アーヴァインは「わたしが書いた小論が根本的に間違いと言うなら、それはわたしが書いた論文をすべて読んでいないからだろう」と述べている。だが、ユーモアは賢く使うべきだ、とＡＰＡは助言する。自分の問題を単に笑い飛ばしたり（他人の問題ならさらに悪い）、ユーモアを超えて嫌みになったりしてはいけない。嫌みという攻撃的で人を貶める対応はほとんど役に立たない。衝突があったり、憤りを感じたりする状況ではとくにそうである。だが、ユーモアと嫌みを区別するためには、訓練と、四つの枢要徳のひとつである知恵を使うことが必要だ。それは、黒と白を見分ける明確な区分がない複雑な状況を切り抜ける方法を学ぶのと同じである。現実の世界はそういうものではないだろうか。

心理学者は、環境を変えるという助言もしている。たとえば、問題となる状況からいったとき物理的に身を引く、問題に対処する最適のタイミングでないなら、そのときは相手とは対峙せず、その一方で問題を避けているのではないことを示すために必ず別に時間を取る、可能であれば苦痛の原因に身をさらさないために相手を避ける、衝突の機会を減らしつつ目的をかなえるための別の手段を見つけるといったことである。こうした提案のすべてが、古代のストア哲学の書で語られているわけではないが、良い人生を送るためには、世界が（こうあってほしいと望むのとは異なり）実際にはどのような仕組みになっているのか、実際の世界とうまくつきあうためにいかに正しく理性を働かせるかを学ばなければならない、という考え方は一致している。豊かな人生を送るために、現代の心理学における発見を理解し、用いることは、ストア主義者にふさわしい行為だ。

エピクテトスは、不安についても興味深いことを語ってくれた。わたしは以前は今よりも心配性だった。それが変わったのはおもに経験によるもの（不安に思っていたことも、実際に起こってみれば、それほど悪いものではないとわかった）や、年をとり、ホルモンのバランスが変わることによって必然的に生じる情緒的成長によるものだろう。だが、エピクテトスのおかげで、さらにそれを進めることができた。たとえば、エピクテトスは、怒りが道理に合わないように、不安も道理に合わないこと、どちらの感情も、わたしたちの計画や生活の質を大きく妨げることを指摘した。

このような不安に陥るのはなぜだろうか。「不安に駆られている人を見ると、わたしは思う。『この人は何を求めているのだろうか。もし自分がコントロールできないものを求めているのでないならば、なぜ不安なのだろうか。竪琴を弾いて歌う人は、自分ひとりのときは不安ではないが、舞台にあがると、たとえ声が美しく、演奏が上手でも不安になる。

それは見事にやりたいだけでなく、称賛されたいからだ。だが、称賛はコントロールできないものである」[8] これは、エピクテトスの基本的な考え方であるコントロールについての二分法を、違う言葉にしたものだ。この表現が、まさに正しく、個人的な経験に多く当てはまるので、わたしはこう思わざるをえなかった。「その通り！　なんでこんなことがわからなかったんだ」

たとえば、教室いっぱいの学生たちの前に立つとき、わたしが不安になる理由などないはずだ。手元の資料を説明するための準備はきちんとしてあるし、わたしは専門家だし、自分がやろうとしていることはわかっているし、そのテーマについては経験を多く積んでいる。当然、学生たちの誰よりも。不安に思うのは、学生たちを失望させるのではないか、わかりにくかったり、おもしろくなかったり、有益でなかったりするのではないかという潜在的な恐れだ。しかし、こうした失敗を回避する唯一の方法をわたしはすでに行なっている。それは可能な限りの準備をすることだ。ほかにできることはないのだから、結果に対して（さらに）考えたり、まして不安を感じたりする理由はない。もちろん、学生に対する義務を無視したり、軽視したりするのを勧めているわけではない。心配するべきこと、するべきでないことの区別をするために、自分が置かれている状況を合理的に再評価しているだけだ。しかも、たとえ学生の前で本当に「まごついた」ところで、起こり得る最悪なことはなんだろう。何人かの若者に笑われるだけのことだ。モンティ・パイソンは、海ではもっと悪いことが起こると歌っているではないか。[9]

確かに、心の不調が、ＡＰＡの言う「理屈攻め」だけでは克服できないような不安を引き起こすこともある。だが、それは不調であり、要するに病的な状態だ。まだ、完全ではないものの、現代の心理学や精神医学は、そのための対話と投薬を提供しはじめている。同僚のルー・マリノフが、ベストセラー『考える力をつける哲学の本』の前書きで述べているように、こうした治療は、不十分ではあっても、通常の暮らしが送れるように心を落ち着かせるという、重要な役割を果たす。しかし、今論じているのはそれについてではない。エウダイモニアへの道を約束するのは、状況を再評価するということだ。

よって、間違ったものに注意を払い、心配するのは、おかしなことなのである。エピクテトスはこう説明した。「わたしたちは身体の一部についてや、わずかな財産や、皇帝にどう思われるかに不安を抱くが、わたしたちのなかにあるものについては不安を抱かない。間違った考えを抱くことは不安ではないのか。不安ではないのだ。それはコントロールできるものだからである。自然に反する衝動に耽《ふけ》ることは不安ではないのか。これも不安ではないのだ」[10] ここで大切なのは、もちろん、心理学的ではなく哲学的な点だ。エピクテトスは、直面するかもしれない差し迫った問題ではなく、長い人生のことを語っている。それでも、彼の言葉が重要であるのに変わりはない。信心深い人であれば、少し違った表現をし、肉体や所有物よりも魂を大切にするというようなことを言うだろう。だが、考え方は同じだ。わたしたちは優先順位を逆にして、本当に悩むべきもの、エネルギーと時間を集中させるべきものではなく、あまり重要ではない、コントロールしにくいものを心配しがちだ。皇帝（または上司）には、好きなように思わせておけばいい。そんなことよりも、人間性を磨いたり、一貫性を保ったりといった大切な課題に目を向けるべきだ。皇帝（または上司）が善人なら、それを評価してくれるだろう。善人でないとしても、結局のところ、エピクテトスのランプを盗んだ泥棒やわたしの財布を抜き取った男のように、代償を払うのは皇帝（または上司）のほうだ。

わたしは大都市に住んでいるが、家にいるときも、ふたつあるオフィスのどちらかにいるときも、一日のほとんどをひとりで読んだり、書いたりして過ごしている。ふだんは同僚も学生もそばにいない。好んでそうしているし、それがわたしの性格によく合っている。だが、孤独の問題についてエピクテトスと議論するのを避けるわけにはいかないようだ。欧米だけでも、大都市だけでもなく、現代社会に影響を与える大きな問題のひとつだからだ。こんにち、次のような新聞の見出しをよく目にする。「孤独病の蔓延——わたしたちは以前よりも繋がっている。しかし、以前より孤独ではないだろうか？」「現代の暮らしが孤独を生んでいるのか？」「アメリカ社会の孤独」などだ。[11]

コリン・カイリーンは雑誌《ジャーナル・オブ・アドバンスド・ナーシング》で発表し

た論文で、現代の科学的な見地から、孤独についての興味深い議論を展開している。[12] まず、孤独と、孤独と似ているが異なる関連する概念、たとえば疎外（おそらく、うつ病の結果、ときには原因となる）や、ひとりでいること（実際には前向きな意味を持ち、わたしの姿勢にとても近い）を分けた。おもしろいことに、疎外という極度に後ろ向きのものから、つながりという極度に前向きなものまでの社会の見方を、「疎外―つながりの連続体」として提唱している。後ろ向きのものから順番に、疎外<>孤立<>社会的孤立<>孤独<>ひとりでいること<>つながりという連続体である。さらに、この連続体に彼が「選択の連続体」と名づけたものを重ねた。一方の端は選択していないことの結果（疎外、孤立）、もう一方の端は選択の結果（ひとりでいること、つながり）だ。この選択の連続体は、もちろん、孤独の外的要因についてであり、ストア哲学の領域である、孤独についての内面的な姿勢ではない。

孤独の原因は何だろうか。カイリーンの論文は、わかりやすい図を用いて、孤独へ陥る状況や性格について論じている。死別、心理的な弱さ、希薄になった社会的つながり、うつ状態、暮らしの急激な変化などが孤独の原因となり、それに、年齢、性別、健康などの要因が加わる。孤独の問題に「解決策」はないというのがカイリーンの結論だ。孤独の原因は複数あり、個人的な要因（心理的要因と状況的要因）と構造的な要因（社会的要因）の両方が関係するからだ。それではどうするか。カイリーンは、驚くほど控えめに、しかし気持ち良いほど正直に述べている。「(孤独の問題は) 人の心に生まれつきあるもので、パズルのようには解けない。緩和したり、その苦しみを和らげたりするのがせいぜいである。それを実現する唯一の方法はなく、こうしたつらい状況は、誰もが人生において何かしら耐えなければならないものだという意識を高めるしかない。孤独に困惑する必要はないのである[13]」

わたしはこの言葉に一部、共感できる。同じテーマに関するエピクテトスの助言を思い起こさせるからだ。「寂しさとは、助けを持たぬ人が陥る状態である。人間はひとりだから寂しいわけではない。もし、そうなら大衆のなかにいれば寂しくないということになる。寂しい者とは、概念としては、助けも得られず、危害を加えようとする人々にさらされている者を意味する。だが、孤独になることに対しては備えをする必要がある。自分自身を満足させ、自分自身とコミュニケーションをしなければいけない[14]」カイリーンも述べているように、(ある程度の) 孤独は、人間にとって自然の状態なので困惑する理由がないし、ストア哲学では、とくに社会からの期待に関して、困惑すること自体を否定している。影響を与えられるのは自分の行動だけで、ほかの人の判断には影響を与えられないからだ。カイリーンが「耐える」という言葉を使っているのにも注目したい。これは、まさにエピクテトスが述べていることである。

ストア主義者にとっては、孤独とひとりでいることとの区別は明らかである。後者は事実の説明であり、前者はその説明に評価を加えたものだ。また、拒絶されたり、無力だと感じたりするのは、事実ではなく評価だ。それでも、厳しいように聞こえるエピクテトスの次の言葉には、前向きなメッセージが含まれている。耐えることの反対は立ち直る力《レジリエンス》で、立ち直る力は自信を与えてくれる。ときにわたしたちをひとりにさせる外的な環境は、ほとんど、あるいはまったくコントロールできないかもしれない。だが、（治療を要する病的な状況を除いて）ひとりでいることを寂しさに変えるのは、自分自身の選択であり、姿勢だ。たとえひとりであっても、無力さを感じる必要はないのである。

13章　愛と友情について

善いものについて知識がある者は誰でも、愛することを知っているだろう。だが善いものと悪いものを区別できない者、またその両方と無関係なものとを区別できない者は、いかに愛することができるだろうか。

——エピクテトス『語録』二・二二

　ある日、ひとりの父親がひどくうろたえながらやって来て、エピクテトスに助言を求めた。娘の具合がとても悪いことに耐えられず、つらさのあまり家を飛び出してきたのだそうだ。「わたしは子どもたちに関することについては情けないのです。先頃、娘が病気をして、危険な状態になったように思ったときは、娘のそばにいるのが耐えられず、大丈夫だと誰かが知らせてくれるまで、逃げていたほどで」

「では、そうすることが正しいと思ったわけですか？」

「そうするのが自然なんです。すべての、いや、たいがいの父親は、そういう気持ちになるんです[1]」

　エピクテトスはこの父親と長いあいだ話し合った。ストア哲学では「自然に従う」ことを重視するが、それは、あまりにつらくてわが子の世話を他人に任せるというような、「好き勝手なことをする」という意味ではない。エピクテトスは、多くの父親があなたと同じように感じることは否定しないし、そう感じるのは自然なことだと言った。問題はそれが正しいかどうかである。そこで、エピクテトスは古典的なソクラテス式の問答を始めた。「それではあなたは、愛情ゆえに子どもを捨て、置き去りにしたのが、正しいことだと言うのでしょうか？　母親はお子さんをかわいがっていますか？」

「もちろん、かわいがっています」

「それでは、母親もお子さんを見捨てるべきだということですか？　それとも見捨てるべきではないのですか？」

「見捨てるべきではありません」

「乳母《うば》はどうですか。お子さんをかわいがっていますか？」

「かわいがっています」

「それでは、乳母もお子さんを見捨てるべきなのでしょうか？」

「決してそんなことはありません」

「お付きの者はどうですか。お子さんをかわいがっているのではないですか？」

「かわいがっています」

「それでは彼もお子さんを置いて行ってしまうべきですか？　その結果、お子さんは、両親や周囲の人々の愛情のために、寂しく、助けもなく、置き去りにされるべきなのですか？　あるいは、お子さんを愛しても、気にかけてもいない人々の手のなかで死ぬべきなのですか？」

「まさか、そんなことはありません」

「それでは、あなたが病気になったら、あなたは周囲の人や、とくに妻子に置き去りにされることで愛情を示してもらいたいでしょうか？」

「もちろん、そんなことはありません」

「あなたは家族から、愛する気持ちの強さゆえに病気のあなたを置き去りにするような愛され方を願うのでしょうか？　置き去りにされるという点を考えれば、可能であるなら、敵から愛されることを願うでしょうか？」

　このやりとりの行く末はおわかりだろう。それなのにエピクテトスが、さらにはストア哲学者が何を伝えようとしているのかを理解していない人が多い。もちろん、エピクテトスの否定しようのない論理はわかるが、娘に対する愛情は、結局のところ義務になるとエピクテトスは言っているのだろうか。そして、それは愛に対する無味乾燥で、人間味がないとさえ言える見方ではないのか、と。

この話の表面的な解釈にエピクテトスの真意が表れているなら、そういうことになるかもしれない。だが、そうではないのだ。重要なのはむしろ、人間の愛情は、強い感情を引き起こす状況を適切に判断することで導かれ、育てられなければならないということだ。父親がつらい思いをしたくないからという理由で娘を置き去りにしたのは間違っているということには、反論の余地がないだろう。この点をエピクテトスは鮮やかに示している。まず、父親と父親以外に娘の面倒を見る人を並べ、そういった人たちと比べることで父親の行動が間違っていることを明らかにし、さらに、もし父親が娘の立場になったら、愛する家族が父親のような行動をしたときに感謝しただろうかと考えさせた。

だが、これはストア哲学が伝えようとすることの半分にすぎない。自然なことと正しいことは異なり、ときには自然なことよりも正しいことを選ぶという判断に達するべきだというのがストア哲学の教えである。この考え方はストア哲学のオイケイオシス理論に由来するもので、ヒエロクレスの関心の輪の広がり（あるいは、収縮といったほうが正確かもしれない）としてすでに紹介した。わたしたちは人生の初めは本能的に行動し、父親が娘の苦しみに対して「自然な」反応を示したような、自分本位なことをするときもある。ところが、幼年期の半ばに理性が働くようになると、物事について考え、必要に応じて自然なことと良いこととの区別がつくようになる。ただし、これは単に、「冷静な」理性で感情を抑えるということではない。そうはいかないし、もしストア哲学者がそのような単純な主張をしたなら、人間の心理をまったくわかっていなかったということになる。だが、そうではないのだ。

エピクテトスはかつて弟子にこう語った。「しかし、わたしたちはそうした感情について、書いたり、読んだりできるし、読んだときに称賛することもできるが、納得させられることはない。そういうわけで、家にては獅子、エフェソスにては狐、というラケダイモーン人についての格言は、わたしたちにも当てはまる。わたしたちは講義室では獅子であるが、外では狐なのだ」[2] エピクテトスが伝えようとしているのは、正しいことを認識するだけでは不十分であり、正しいことを何度も繰り返し実践して、理性的な判断が本能的な行動になるよう習慣づけるべきだということだ。哲学の実践を、車の運転やサッカーボールの蹴り方やサックスの吹き方を覚えることと同じように考えるといい。初めは自分が何を、なぜやっているのかばかりが気になり、そのせいでうまくいかず、つねに失敗し、苛立つだろう。それでも、意図した動きを繰り返しているうちにだんだんと無意識のうちにできるようになり、やがては、急に通りを横断する人がいれば急ブレーキをかける、相手チームのガードが解かれたときに味方にボールをパスする、正しい音とテンポで楽器を鳴らして、表現したいメロディーを奏でるといったことが第二の天性となる。真の哲学とは、理論よりも実践を重んじるのだ。「大工は学ぶことによって大工になり、船漕ぎは学ぶことによって船漕ぎになることをわたしたちは知っている。では、正しい行動をするということにおいても、そうしたいと願うだけでは十分でなく、そうすることを学ばなければならないと考えられるのではないか……今足りないのは、理論ではない。理論はストア哲学の書物にたくさん書かれている。では、何が欠けているのか。それを実践し、行為によって実証する人だ[3]」

エピクテトスが実践を強調したにもかかわらず、古代ギリシャの人々は、実際には、愛の解釈を高度な理論として発展させ、さまざまな概念を取り入れた。そのひとつが、本章の第二のテーマである友情だ。学者は、概してアガペー、エロス、フィリア、ストルゲーを区別する。アガペーとは配偶者やわが子に抱く愛情であり、のちにキリスト教徒がすべての人間に対する神の愛と結びつけた。トマス・アクィナスは、他者の幸せを願うことだと述べている。エロスの意味ならわかる、という人は、もう一度考えてみてほしい。エロスは、確かに官能的な快楽や性的な魅力といった意味合いが表立つ語だが、プラトンが『饗宴』において説明したように、個人の内なる美を高く評価することであり、それによって姿形《すがたかたち》にとどまらない、美そのものへの憧れを表す。フィリアは、友人、家族、コミュニティを自分自身と対等とみなし、扱うゆえに抱くような、穏やかな道徳的な愛である。最後のストルゲーはあまり使われることのない言葉だが、とくにわが子への愛を指すだけでなく、自分の国や応援するスポーツチームへの愛について使われるのが興味深い。[4]理性や熟考とは無縁の、生まれつき感じる類いの愛という意味を持つ。

こうした微妙な違いは、英語の愛（love）という単語だけでは、とらえきれないだろう。パートナーやわが子や友人に抱く愛と、国や神などに抱く愛とは区別すべきなので、残念なことだ。だが、どの愛についてもストア哲学が呈した疑問は、エピクテトスがうろたえた父親に問いかけたものとまったく同じだった。すなわち、その愛は自然であるかもしれないが正しいのか、という問いである。

わたしたちはよく「正しくても間違っていても」自国を愛すべきだとか、勝っても負けても贔屓《ひいき》のスポーツチームを愛すべきだなどと言われる。どちらもストルゲーに分類される愛だろうが、ストア哲学者なら「正しくても間違っていても」愛するというのが同じように適用されるわけではないと言うだろう。事実、「正しくても間違っていても」という有名な表現の出典はふたつあり、一方はもう一方の引用である。ふたつの出典から、愛のなかでも重要なものは、対象への感情とだけでなく、正しいこととも一致しなければならないというストア哲学の主張が適切である理由がわかる。この表現は、一八一六年にアメリカ海軍士官スティーヴン・ディケーターが夕食後に行なった乾杯の挨拶が元になっている。ディケーターはこう言った。「わが国！　諸外国との関係においてつねに正しくありますよう。しかし、正しくても間違っていても、わたしは支持する！」この文言とこれを引用した発言とを比べてみよう。引用したのはアメリカの内務長官カール・シュルツで、一八七二年二月二九日に上院で次のように発言した。「わが国は正しいのか間違っているのか。正しいのなら、正しいことを守っていかねばならない。間違っているのなら、正しくせねばならない」

スポーツチームにはディケーター版のほうが適しているだろう。「ASローマ！　他のチームとの関係において、つねに勝たんことを。しかし、勝っても負けても、わたしはASローマを応援する！」スポーツチームに対してであれば、どんなときにも、とくに劣勢のときに、無邪気に忠誠を誓うのはすばらしいことだ。しかし、自国に対して盲目的な忠誠心を抱くのはきわめて危険であり、そういうことはこれまでの歴史において何度も繰り返されてきた。シュルツがエピクテトスを読んでいたかどうかはわからないが、主張していることは、基本的にエピクテトスがうろたえる父親の話を通して主張したことと同じである。確かに、わが子や自国に対してある種の自然な感情を抱くことは理解できるし、称賛もできる。だが、論じているのは個人や外交政策についてであって、スポーツチームについてではないのだから、行動を決めるためには理性を頼みとするべきである。娘が苦しむ姿を目にするのがつらくて家から逃げたいと思うかもしれないが、正しい行動は、そばにいて娘を支えてやることだ。自分の国が自分のアイデンティティの重要な部分になっていると感じる人は、国に敬意を払うべきだと考えるかもしれない。しかし、自分の国の行動が、国自身や他者に有害になるのであれば、声を上げる義務がある。大事に思うことについては、感情と理性を切り離すのは難しく、理性はないがしろにされやすい。

古代ギリシャやローマの人々によると、友情は愛のひとつの種類なので、エピクテトスが家族関係と同じ問いを投げかけるのは当然である。

友情はよそにあるのではなく、信頼と尊敬の念のあるところ、善きものを与え、与えられているところにあるのではないだろうか。「ですが彼は長いあいだ、わたしの世話をしてくれたのに、わたしを愛していなかったのでしょうか？」靴をきれいにしたり、家畜を世話したりするつもりで、きみの世話をしたのかもしれないではないか。きみがつまらない器としての用を果たせなくなったときに、壊れた皿を投げるように、きみを投げ出すかもしれないではないか……エテオクレスとポリュネイケスは、同じ父母から生まれたのではなかったか。彼らは一緒に育てられ、一緒に生活し、一緒に飲み、一緒に眠り、何度も接吻し合ったのではなかったか。彼らを見れば、あなたは友情について哲学者たちが述べる矛盾を嘲笑したことだろう。しかし、ふたりのあいだに肉のかたまりのように王位が落ちて来たとき、ふたりはどんなことを言い合っただろうか。

エテオクレス　おまえは城壁のどこに立つのか？
ポリュネイケス　なぜそんなことを訊く？
エテオクレス　おまえに立ち向かい、おまえを殺す。
ポリュネイケス　おれもそう思っているのだ。

――エウリピデス『ポイニッサイ』六二一[5]

なるほど、エピクテトスは詩的なところを見せたいのかもしれない。しかも、エテオクレスとポリュネイケスは兄弟であって友人ではないが、伝えたいことはよくわかる。真の友情であるかどうかは、真の愛情と同様に、平穏で順調なときではなく、厳しい状況のときに明らかになるということだ。

　ストア哲学の観点からすると、友情とは、人間性以外のすべてのものと同じように、好ましい無関係である。これは興味深い問題を提起する。というのは、もし、法律によって指名手配されている人だけでなく（ネルソン・マンデラはアパルトヘイト政策を推進する南アフリカ政府にとっては犯罪者だった）、暴行や盗みといった卑劣な行為をする者も「犯罪者」とするなら、犯罪者同士のあいだには、ストア哲学が言う友情は存在しないことになるからだ。実際、その通りだろう。道徳的な犯罪というのは想像しがたいし、犯罪者が仲間を司法の手から逃れさせようと助けるときは、道徳的な高潔さより友を守るために、ストア哲学の優先順位とは逆のことをするからだ。

同じ問題が、縁者への愛と仲間への愛の両方に当てはまる。古代ギリシャ＝ローマを含む世界の文学には、愛を何よりも重視し、ときには自分自身や他者や無辜《むこ》の第三者にとってゆゆしき結果を招く話が山ほどある。それなのに、結局「愛に勝るものなし」として、愛を最優先した者を称えることが多い。「愛に勝るものなし」はディズニーのような物語世界だけの話だし、ストア哲学者であれば、そんなものは真の友情でも愛でもないと断言するだろう。そうした話では、人間の徳性よりも、「友情」や「愛」が重んじられているからだ。王女メディアについてはすでに紹介した。メディアは不実な夫イアソンへの復讐のために、完全に正気を失ってわが子を殺める以前にも、父親を裏切り、弟を殺している。それは、イアソンがかの有名な金羊毛を盗むのを助けるためであり、愛ゆえの行動だとされた。ストア哲学者にとっては、メディアがイアソンに抱いた感情がどのようなものであれ、それは愛などではない。現代において日々伝えられるニュースには、王女メディアの物語並みに恐ろしい話が多くあり、しばしば愛と称されるものもあるが、やはりそれも愛ではない。

ストア哲学者は言葉の意味をもてあそび、多くの人が友情や愛だと考えるものをわざとそうではないと言っているのではないか、と疑いたくなるかもしれないが、それでは大事なことを見逃してしまう。ストア哲学者は人間心理の鋭敏な観察（記述的行動）をすると同時に、人間の倫理について考える（規範的行動）。メディアが一般的に「愛」と称される感情をイアソンに対して抱いたことや、マフィアのボスふたりが世間的に言う「友人」同士になる可能性も認めるだろう。だが、倫理に通じる者として、「愛」や「友人」という言葉では状況を正しく描写できないと付け加えたのではないだろうか。では、なぜそれが問題になるのだろう。道徳が無下《むげ》にされる状況と重視される状況、そのどちらにも「愛」や「友情」という言葉を使うと、実際は状況が大きく異なるのに、言葉を区別しないせいで混乱が起こるからである。「それは単に意味論の話だ」と言ってしまえば、ときに必要な言葉の意味の明確化を放棄することになってしまう。他者と意思疎通を図り、理解し合うには意味論、すなわち言葉を正確に使うことが重要なのだ。

　ここでアリストテレスの例を挙げよう。アリストテレスは、もちろんストア哲学者ではない（セネカはストア派であるが、ライバルであるエピクロス派の思想を借用し、真理はどこから現れようとも万人の財産である、と言った。そこで、わたしもその言葉に素直に従おうと思う）。アリストテレスは分類法にやや取り憑かれたようなところがあったらしい。たとえば徳について、ストア派が簡潔に四つに分類したのに対し、アリストテレスは実に十二もの分類を提案した。ただし、どの種類の徳にも知恵のさまざまな側面が表れていた。アリストテレスが、愛のなかでもとくに重視したのはフィリアだ。フィリアは、すでに見てきたように、現代なら友人と称される人との関係だけでなく、近親者との関係をも指す。よって、エピクテトスが友情を語る際に、エテオクレスとポリュネイケスの兄弟の話を持ち出してもおかしくなかったのだ。アリストテレスは友情を実用の友情、快楽の友情、善の友情の三つに分類した。これはこんにちでも役立つと思われる枠組みである。

実用の友情とは、こんにちで言う相互利益にもとづく知り合いのことで、たとえば、気に入っている美容師との関係などが挙げられる。わたしの母はローマで長年、美容関係の店を営んでいたことがあり、少し観察しただけでも、母が女性客と単なるビジネス以上の関係を築いていたのは明らかだった。そうした客たちは長年にわたって、店で長い時間を過ごし、母や母のアシスタントに髪だけでなく、爪などの手入れをしてもらう。そうした手入れをきちんとやってもらいながら、個人的なことから政治についてまで、あらゆることを話題にしておしゃべりに花を咲かせた（だが、哲学の話はしていなかったようだ）。母は女性客にとって厳密な意味での「友人」ではないが、相手の名前もわからないビジネスライクな関係以上だったのは確かだろう。古代の人々の考え方はすばらしい。人間関係がおもに相互利益にもとづくなら、利益がなくなれば関係も終わる。それでも、わたしたちは相手に対して誠意を持って振る舞い、前向きな関係を築くことを願う。なぜなら、それが正しいことであり、楽しいからだ。正しいのは、カントであれば、他者に、自分の目的のためにではなく、他者自身を目的として接するからだ、と言うだろう。楽しいのは、わたしたちが生来、社会的存在であり、他の社会的存在との対話によって満足感を得るからである。

アリストテレスによるフィリアの第二の分類「快楽の友情」は、（やはり相互の）快楽にもとづいている。飲み仲間や趣味の仲間を考えてみるといい。そうした関係は、実用の友情と同じように、相互利益の上に成り立っているが、この場合の利益は、実益ではなく、快楽である。実用の友情と同じように、快楽の友情は深いものである必要はないが、現代英語ならば「知り合い（acquaintance）」ではなく「友人（friend）」が用いられるだろう。そして、当然のことながら、実用の友情と同じく快楽の友情も、たとえばある趣味への興味を失った、あるいは、町の別の地域に新しいバーを見つけた結果、社会的関係を解消してしまえば終わる可能性がある。

アリストテレスによる友情の第三の分類は、善の友情である。それは、多くの人が友人と呼ぶ相手に期待する最小限の要件をはるかに超える稀有な現象だ。ふたりの人間が、ビジネスや趣味といった外的要因がなくても互いの人柄に相通じるものを感じ、ただ一緒にいるのが楽しいという関係である。アリストテレスが言ったことで知られているように、こうした関係においては、友人は自分自身の魂を映す鏡である。また、そういった友人に大事にされていることが、自分自身を成長させ、より良い人間となる助けになる。このことからも、「善の友情」には現代の意味での友情だけでなく、家族や仲間との関係も含んでいることがわかるだろう。

繰り返しになるが、アリストテレスはストア派ではない。ストア派の哲学者なら、友情と呼ぶに真に値するのは善の友情だけだと言っただろう。しかし、きわめて重要なのは、ストア哲学者がそれ以外の二種類の友情の存在も、その重要性も否定しなかったであろうことだ。ただし、その二種類を「好ましい無関係」という分類に封じ込めただろう。好ましい無関係は、徳や倫理的な一貫性を邪魔しないかぎり、おそらく誰もが持ちあわせ、養うべきものである。

ギリシャ＝ローマの時代の愛や友情の分類は現代よりはるかに多いうえに、概念上の違いもあることは心に留めておくべきだろう。そうした分類は、わたしたちが友人と家族、ビジネス上の知り合いを区別するのと同じように、関係性の仕事を反映したものだ。結局のところ、概念と概念を表すための言葉は、わたしたちがこの現実の世界に、とくに社会という環境に適応するための助けとしては有用である。だが、わたしが古代の人々の豊かな語彙を称え、言葉が失われることによって、何か大切なものが消えてしまったのではないかと主張しても、読者の皆さんは驚かないと思う。語義が豊かな言語は、思考の微妙な差異をより細かくとらえることができ、よりうまく生き残ることができるのである。

14章　精神的訓練の実践

その日の行ないについて考えてみるまでは、柔らかい瞼《まぶた》が閉じるのを許さぬがいい。何を誤ったか。何を為し、何を為さなかったか。そこから始め、自分の行ないを振り返り、卑劣な行為に対してはみずからを諌め、善い行ないに対しては喜ぶといい。

——エピクテトス『語録』三・一〇

ここまでエピクテトスについて十分に論じてきた。ストア哲学がどのようなものであるかはわかってもらえたと思う。理論の面からも、また、紀元二世紀のローマ帝国時代においても、二一世紀の現代においても、同じように日々の生活に用いることができるのも。それでは、ストア哲学を、生きるための哲学として、いかに実践していけばいいのだろうか。

そのための唯一の方法というものはない。また、キリスト教の公教要理のような基準となる教えをまとめたものもない。それは良いことだとわたしは思う。だが、わたしを含め、近年、出版された多くのストア哲学に関する書の著者たちは、古代のストア哲学者の書から学んだこと、認知行動療法や類似の療法から生まれた現代的なテクニック、自分自身が経験してうまくいったこと、いかなかったことを組み合わせたものをもとに実践している。[1]ストア哲学は、自分に合った方法で行なうほうがうまくいくため、この章の助言は、何がなんでも守らなければいけないルールではなく、あくまでも提案だと考えてほしい。

わたしは、しごく当然に、エピクテトスに助言を求めた結果、手引き書という意味の『提要』を勧められた。『提要』はエピクテトス自身が書いたのではなく（実は、これまでにわかっているかぎり、エピクテトスが書いたものはない）、ニコメディアのアリアノスがまとめたものである。自分自身のことを考えると、わたしの講義を学生のひとりがノートにとり、それがわたしが生きた証として唯一遺されたものになることには複雑な気持ちを禁じ得ないが、学生のなかにも優秀な者はいるだろうし、いずれにしてもエピクテトスについてはこれしかないのである。もちろん、自分が何を遺せるかは自分でコントロールできないが、他者が遺したものをいかに解釈して活用するかはコントロールできる。

さらに、アリアノスは並の弟子ではなかった。名の知れた歴史学者となり、軍職に就き、ローマ帝国の官職となり、一三〇年には執政官となり、その後、属州であるカッパドキアの総督となった。エピクテトスの学校で学んだのは、おそらく一一七年から一二〇年のあいだで、しばらく師の元にいるためにニコポリスに留まったと考えられる。その後、アテネに移り、皇帝ハドリアヌスによって元老院議員に指名されるなど、輝かしい経歴を築いた。引退後、アテネに戻ると司令官となり（じっとしていることができない人だったのだろう）、ストア主義者であるマルクス・アウレリウス帝の時代にこの世を去った。サモサタの詩人ルキアンは、アリアノスのことを「一生学ぶことを忘れなかった一流のローマ人」と呼んだ。アリアノスのような学生がわたしの講義録を遺してくれるなら、願ってもないことかもしれない。

わたしは『提要』を読み、実践すべき一二の項目を、ストア主義者が日々、いかに行動するべきかの覚え書きとしてまとめた。[2] もっとも良いのは、それを使いやすいリストにして予定表に貼ることだろう。順番はどうでもいい（本書では単に『提要』に出てきた順に並べた）。スマートフォンにはいろいろなアプリがあるので、そういったものを使えば簡単だろう。毎日、どれかひとつを順番に思い出せるように設定し（ランダム表示にすると楽しいかもしれない）、エピクテトスの言葉を何度か読み、ほんの少しでも時間ができれば、その助言を実践するといい。最初の目標は、ストア主義者として考え、行動するよう意識することだ。[3] 最終的には、覚え書きが不要になるまで大小の出来事やさまざまな状況に用いて、自発的に実践できるようになるまでにする（わたしは念のため、今でも予定表に表示されるようにしてある）。

こうした項目は、当然ながら、ストア哲学の観点から理解するべきだろう。そこで、実践法を紹介する前に、本書を通じて学んだストア哲学の教えを簡単にまとめたいと思う。

エピクテトスとの対話を通じて、わたしたちはストア哲学の考え方を多く学んだ。まずは、ストア哲学の三つの原則である。ストア哲学の原則は欲求、行動、受容であり、それぞれが自然学、倫理学、論理学と関係がある（2章を読み返して、三つの原則と関連する研究分野についての理解を新たにするのもいいかもしれない）。三つの原則は本書の構成の理論的な柱となっている。本章で提案する精神的な訓練をもっとも効果的に行なうために、ストア哲学の三原則を簡潔にまとめてみよう。

1．美徳は最高の善であり、その他は無関係である

ストア哲学の源はソクラテスである。ソクラテスは、徳は最高善であると論じた。どんな状況でも価値があり、健康、富、教育といったものを正しく用いる助けとなるからだ。徳は何にも代えがたいものなので、ストア哲学では、それ以外のことは、無関係ととらえる。また、好ましい無関係は追求するものの、好ましくない無関係からは、美徳の妨げにならない限り、距離を置くようにする。この姿勢は、現代経済学では、辞書式選好と呼ば

れる。[4] たとえば、どれだけランボルギーニが好きでも、娘とランボルギーニを交換できないと考えるのが辞書式選好だ。

2．自然に従う

「自然に従う」とは、社会生活において理性を働かせることである。ストア哲学では、いかに生きるかを知るために、いかに宇宙が成り立っているかを知るべきだと考える。人間は理性を持つ社会的な動物なのだから、より良い社会を作るために理性を働かせるべきだ。

3．コントロールできるものとできないものを区別する

わたしたちにはコントロールできるものとできないものがある（ただし、影響を与えることはできるかもしれない）。わたしたちが精神的に十分健康な状態にあれば、わたしたちの意思決定と行動はわたしたちがコントロールできる。そのほかのことはわたしたちにはコントロールできない。コントロールできることのみを気にかけ、あとのことは平静さを持って対処すべきだ。

さらに、本章の提案を実践すると、ストア哲学の四つの美徳が身につくだろう。

（実践的な）知恵――複雑な状況に可能な限りうまく対処する
勇気――すべての状況において、物理的にも、倫理的にも正しいことをする
公正さ――すべての人を、地位にかかわらず、公平に、親切に扱う
節制――人生のあらゆる面において、節度を保ち、自制をする

ストア哲学の基本的原則を学んだあとは、いよいよわたしがエピクテトスの『提要』（実際にはアリアノスがまとめたもの）から抽出した一二の実践について考え（実践し）てみよう。

1．自分の心像を調べる

「そこで、強い心像すべてに言うようにすればいい。『きみが心像であり、心像がきみから生まれるのではない』それからきみの基準に合わせて試し、評価し、そして尋ねるのだ。『これは自分がコントロールできるものか、できないものか』もしコントロールできないものであれば、次のような覚悟を決めたまえ。『これは自分には関係ない』[5]」

コントロールできるもの、できないものという二分法は、本書の最初に紹介した。エピクテトスは彼のもっとも基本的な教えを実践するよう勧めている。それは、「心像」をつねに調べることである。心像とは、出来事や人や誰かに言われたことに対する最初の反応

である。それに対して、一歩下がって合理的な考えをめぐらせたり、軽率に感情的な反応をするのを避けたり、直面しているものがコントロールできるものか（そうであれば行動する）、できないものか（その場合は無関係のものとする）を自問したりする。

たとえば、これを書く数日前に、わたしは食中毒にかかり（傷んだ魚が原因）、四八時間苦しんだ。そのあいだ何もできなかった。もちろん仕事も執筆もである。通常であれば、この経験は「悪い」ことであり、たいていの人は不満をもらして同情を買おうとする。だが、わたしの身体の生理学と病原因子となるかもしれないものは、わたしにはコントロールできない（とはいえ、食事をしたレストランで魚を食べるかどうかはコントロールできた）。よって、食中毒で具合が悪くなったことに文句を言っても仕方がない。起こったことはもう変えられないからだ。また、人間であれば同情を買いたくなるものだが、そうした反応は、ストア哲学の観点からすると、自分自身を満足させるために、同情を示さざるを得ない状況をほかの人に押しつけることになる。ストア哲学では、他者に同情することにはなんの問題もないが、具合が悪いからといって他者からの同情を強要するのは、あまりに自分勝手のように思う。そこで、わたしはエピクテトスの言葉に沿って行動した。つまり、起こっていることを生物学的な事実として受け入れ、適切だと思われる予防処置を講じ（善玉菌を摂取した）、状況に対する考え方を改めた。仕事も執筆もできない。そうか、それでは、無理をしないようにしよう。ほかにもできることはあるのだから。いずれにせよ、すぐに回復するだろうから、そうしたら仕事や執筆の時間は十分にできる。

最後に、「自分には関係ない」という言葉は誤解されがちであることを述べておこう。これは自分に何が起ころうとかまわない、という意味ではない。たとえば、食中毒で苦しんでいるとき、わたしはストア派にとって、健康は好ましい無関係であることを自分に言い聞かせようとした。好ましい無関係とは、義と美徳が損なわれない限り、追い求めるべきものである。だが、この状況はどうすることもできない。よって、これ以上、気にしてもしかたがない。なんとかしようとするのはやめるべきだ。まさにコントロールできないのだから。ラリー・ベッカーはこれを「無用性の原理」と呼び、次のように明快に述べている。「論理的に、理論的に、実践的に不可能なことをやろうとせずにいるには、行為主体性が求められる[6]」賢明な言葉だとわたしは思う。

2. 永遠に存在するものはないことを忘れない

「喜ばしいもの、有益なもの、執着しているものがどのようなものかを忘れてはいけない。価値の小さなものから始めよう。たとえば、それが器なら、『わたしはその器が好き』と言えばいい。そうすれば、それが壊れたときに、動揺することはないだろう。妻や子どもにキスをするとき、自分に繰り返し言うといい。『わたしは死すべき者にキスをしている』そうすれば、彼らが奪われたときに取り乱すことはないだろう[7]」

『提要』にあるこの有名な節を聞かせると、学生たちはショックを受ける。ストア哲学の知恵のなかでも、これがもっとも誤解されやすい。ときには故意に誤用されることもあるほどだ。だからこそ、的確に理解する必要がある。問題は器の部分ではなく、もちろん、妻と子どもに関してエピクテトスが述べたことだ。もし、器の話だけだったら、モノに執着するなという、おそらく二世紀の消費主義に対する警告だととらえられたことだろう（消費主義は、現代アメリカが発明したものではない。ローマ帝国時代にも蔓延していた。当時も、そして現代ももちろん、大量消費をする余裕がある人にとっての話である）。だが後半は、人間のありようについて深い洞察が示されていて、正しく理解するには少しばかり知識が必要だ。いずれにしてもストア哲学は、実践者には愛の哲学だと考えられているほどであり、人間やその苦しみを冷たく無視することはない。

まず、歴史的状況を考えてみよう。エピクテトスが執筆した当時は、皇帝でさえ（マルクス・アウレリウス帝も）、子どものほとんどを、病気や無差別の暴力行為や戦争によって、幼いうちに、あるいは若いうちに失った。欧米社会や世界の他の一部に暮らす人々の大半は、現在はそういった意味では恵まれているが（白人男性ならとくにそうだ）、命がはかないものであり、心から愛する人がなんの警告もなく突然奪われる可能性があることは、今も変わらない。

次に、そして、より重要なのは、エピクテトスがここで伝えようとしているのは愛する者に対する冷たい無関心ではなく、その反対だということだ。すなわち、愛する者たちがどれほど大切か、そして、それはその者たちがすぐにいなくなってしまうかもしれないからだということをつねに思い出すべきだ、とエピクテトスは述べている。近しい人を亡くした経験がある人は、その意味がわかるだろう。わたしたちは、永遠の都ローマで凱旋式に参加するローマ帝国の将軍たちのように人生を過ごすといいかもしれない。耳元で誰かにつねに囁いてもらうのである。「メメント・ホモ（汝、ただの人間であることを忘れるな）」と。

ふたたび、個人的な話をするのを許してもらいたい。わたしはストア哲学を真剣に学びはじめた頃、母をがんで亡くした。父もその一〇年前に同じ病気で亡くなった（おそらくどちらも喫煙が原因だろう）。ふたりの死は、わたしに深い影響を与えた。すばらしい親子関係を築いていたからではない（実際、あまり良い関係にはなく、わたしは父方の祖母とそのパートナーの養祖父に育てられ、とても世話になった）。わたしをこの世に産んでくれたふたりの人間が逝ってしまったからだ。両親を失うことはわたしたちの多くにとって通過儀礼であり（両親よりも前に死んでしまうことがない限り）、それを経験した人は、どのような状況であっても、とてもつらいと言う。だが、わたしは、父の場合と母の場合では、病気やその後の死について、ずいぶん違う対応をした。

父はいくつもの異なるタイプのがんにおかされることになったが、その最初のひとつが発見されたとき、わたしと父には一緒に過ごせる機会がわずかしか残されていなかった。父の余命が急に短くなった（父は六九歳で死んだ）からではなく、父はローマ、わたしはニューヨークと、七〇〇〇キロも離れて暮らしていたからだ。だが、わたしはそれを真剣にとらえなかった。時間はまだたっぷりあるように振る舞い、内心ではわかっていること、すなわち、父がおそらく近いうちに死ぬという事実を受け入れるのを拒否した。父はそれからおよそ五年生きた。その間、わたしは父が衰弱していくのを意識しないようにしていた。その結果、父の死に目に会えなかったのだ（ローマへ飛ぶためにニューヨークの空港に向かっているところだった）。

わたしは父の病気に対する自分の態度を後悔し続けた。だが、ストア哲学によって、後悔は変えることができない過去に対して抱くものであり、変えることができない判断について思い悩むのではなく、経験から学ぶのが正しい姿勢だと教えられた。そこで、母の話である。母の病の進行はずっと速かった。そして、最初の誤診のせいもあって、わたしたちは起こっていることに気づかなかった。だが、状況がはっきりすると、わたしはイタリアに戻り、何が起こっているかを十分に認識し、また受容して、母に会いに行くことができた。別れのキスをして母がいる病院を去るときは、いつもエピクテトスの言葉が、わたしを励ますように耳に響いた。次の日に、また母に会えるかどうかはわからなかった。ストア哲学は魔法の杖ではないので、わたしのつらさを和らげてくれたわけではない。だが、わたしはできるだけ「ヒック・エト・ヌンク」すなわち今ここで、この瞬間に存在することに集中しようとした。このように意識を集中することを、エピクテトスは弟子に伝えようとしたのだ。気にしないようにするという助言では断じてない（ただし、英語では「取り乱すことはないだろう」と翻訳されていて、原典であるギリシャ語の切迫感がいくぶん失われている）。今、わたしたちの手にあるものを大切にし、愛おしむべきだと言っているのだ。それは明日、運命に奪われてしまうかもしれないのだから。

3. 運命次第

「行動を起こそうとするときは、どうなるかを頭のなかで予行演習してみるといい。浴場へ出かけるなら、浴場で通常行なわれることを思い浮かべるのだ。人々から水をかけられ、押され、怒鳴られ、服を盗まれるだろう。最初に次のように言っておけば、より落ち着いて行動できる。『わたしは入浴したい。けれど、同時に、わたしの意思が自然に従うようにしたい』と（これは社会生活に理性を持ち込むという意味である）。どんなときにもそれを実行するのだ。そうすれば、入浴のときにいやな思いをしても、こう考えることができる。『これはわたしが意図したことではない。それにわたしは自分の意思が自然に従うようにするつもりだった。悪いことが起こるたびに心が折れてしまうようでは、それは不可能だ[8]』」

わたしは「悪いことが起こるたびに心が折れてしまうようでは、それは不可能だ」というくだりが好きだ。折れやすいことを自分に許しているために、小さな問題にも耐えられず、今にも折れてしまいそうな人たちのイメージが浮かぶ。彼らはつねにすべてが当然うまくいき、悪いことは（悪いことが起こるにふさわしい）ほかの人にしか起こらないと考えている。だが、ストア主義者として、わたしたちは運命次第という考え方を身につけるべきだ。そして、マントラのように唱えるのである。もし運命が許してくれるなら、と。

エピクテトスが単純な状況から始めていることに目を向けてほしい。彼は浴場へ行き、入浴を楽しみたいと思っている。映画館にはマナーをわきまえない人たちがいて、もう一度メッセージを確認しなければいけないと携帯の画面を光らせるが、そういう人たちに邪魔されずに映画を観たい、とわたしたちが思うのと同じだろう。もちろん、これもわたしの経験したことだ。以前はこうしたことがあると、わたしはひどく腹を立て、大声で文句を言ったが、もちろんなんの解決にもならなかった。最近は、ストア哲学のふたつのテクニックを取り入れている。ひとつめは、もちろん、コントロールできること、できないことの二分法である。映画館に行くのはわたしがコントロールできることだ（家で違う映画を観てもいいし、まったく別のことをしてもいいのだから）。また、他者の行動に対するわたしの反応もコントロールできる。他者の行動はコントロールできないが、影響を与えることはできる。なぜその行為が配慮に欠けるのかを丁寧に説明してもいいし、映画館の経営陣のところへ行き、穏やかに、丁寧に不満を伝えてもいい。入場料を払った顧客に気持ちの良い体験を提供し、足繁く通ってもらうようにするのは経営陣の責任だからだ。

ふたつめのテクニックは、運命次第という考え方を正しく理解して、付け加えることである。エピクテトスは、無礼な人々の振る舞いを黙って受け入れるように、とは言っていない。そうではなくて、心のなかで目標を設定しても願った通りにいかないこともあるのを忘れないように、と助言しているのだ。願った通りにいくと思い込んでいると、わたしたちの選択が、わたしたち自身を不幸にしてしまうため、状況はさらに悪くなる。あるいは包括的な目標を思い出してもいい。それは道徳に反することは行なわない、あるいは義にもとること（他者の不快な行ないに対して不快な対応をするなど）はしない慎み深い人になることである。

ストア哲学にはこの点を示す良いたとえ話がある。ストア哲学三代めの学頭であり、エピクテトスの『語録』の失われた部分の一部を書いたと言われているクリュシッポスが作者である。イヌが荷車につながれているのを想像してみてほしい。荷車はゆっくりと動き出す。どちらに向かうかは、イヌではなく御者が決める。さて、イヌをつないだ紐が長いために、イヌにはふたつの選択肢がある。ひとつは荷車の動く方向に従うことだ。イヌはどちらに向かうかをコントロールできないが、道中を楽しみ、周囲を調べながら用を足す時間を与えられる。もうひとつは、全力で抗い、結局は引きずられ、蹴られ、叫び、痛みや苛立ちを募らせながら、無益で、不快な努力をして時間を無駄にすることである。このイヌとは、もちろん人間のことだ。万物は（信心深い人にとっては）神の思し召しによって、あるいは（非宗教的に考えるなら）宇宙の法則によって変化し続ける。だが、生きて元気でいられれば、うまく立ち回る余地はあるし、行程を楽しもうと決めることもできる。たとえ制限があることを意識し、やり遂げたいと思うことには、運命（荷車の御者、神、宇宙とも言える）が許してくれるなら、という条件がつきまとうとしてもだ。これが「自然に従って」行動するということである。

この訓練の意味を理解するもうひとつの方法がある。それについては、友人のビル・アーヴァインが著書『良き人生について――ローマの哲人に学ぶ生き方の知恵』で明確に述べてくれていることに感謝したい。たとえば、テニスの試合に出る、あるいは職場で昇進をしたいと願っているとする。こうした状況に対して、ストア主義者はエピクテトスの助言に従うか、アーヴァインが提唱する目標を内面化するという姿勢で臨む。目標は試合に勝つこと、あるいは昇進をすることだが、それはわたしたちにはコントロールできない。できるのは影響を与えることだけだ。そこで目標を、コントロールできること、運命にさえ奪われないことに定める。すなわち、結果を意識せずに最高のプレーをすること、あるいは、決定が下される前に昇進に値することを示す資料一式を準備することだ。この場合は、いつもの警告の代わりに「レペティタ・ユウァント」（反復が助けになる）というローマ人の格言をつけ加えよう。だがそれは、試合で負けることを従順に受け入れたり、当然と思える昇進が認められないという不当な状況をただ堪え忍んだりすることではない。最善を尽くしたとしても、また自分が勝利や昇進を勝ち取るのにふさわしかったのか否かにかかわらず、望み通りに事が進まないときもあるという知恵を働かせるということである。知恵のある者は、たとえ十分な根拠のある願望だとしても、それが宇宙の意思と一致する（あるいは一致すべき）とは限らないことを理解している。

4. 今ここで美徳をいかに用いるべきか

「問題にぶつかったときは、自分が持つ資質を思い出して、それに対処するといい。見目《みめ》麗《うるわ》しい男性や女性を見ると、それに抗おうとする自制心の力を見出すことだろう。痛みを感じたら我慢する力を、侮辱されたら忍耐の力を思い出すだろう。そうするうちに、どんな心像にも負けない徳の力を見出すことができるという自信が持てるようになる」[9]

この一節はストア哲学者による言明のなかでも、もっとも力を与えてくれるものだと思う。エピクテトスは元奴隷であり、骨折させられたために脚を引きずっていた。その彼がすべての機会とすべての困難に徳を用いることによって、より良い人間になるよう助言しているのである。生きていくうえでぶつかる課題は、自己を成長させるための絶好の機会だというストア哲学の考え方を用いて、誘惑や難しい状況には徳を用いて対処しようと勧めていることに留意してほしい。たとえ、魅力的な人を見かけても、ゆめゆめベッドに誘おうなどと企んではいけない。たまたまあなたもその人も独身だったり、交際中の人がいなかったりして、あなたの望みを追求することが他者に問題や苦しみをもたらさない場合は別だ。だが、自制心を呼び起こし、自分の考え方を変えるためにできることに集中すれば、衝動を感じることもなくなるだろう。もうひとつの例は、異なる種類のものだが、ストア主義者であれば同じ対応をし、似たような結果を得る。それは病気や苦痛はコントロールできないし、人生においていつかは直面するということだ。だが、対処する方法はある。医療という手段だけでなく（ストア哲学の教えは必要なときに医薬に頼ることを否定していない）、考え方を変えるのだ。エピクテトスは「忍耐と寛容が大切[10]」とか「忍耐とあきらめ」といった言葉と関連づけられることが多いが、不幸で惨めな人生を送るように言っているわけではない。それどころか、「アパテイア」を達成しようとしているのだ。アパテイアとは不動の心という意味であり、生きていくうえで起こるどのような出来事にも冷静沈着に応じることである。

　この点についても、わたしの個人的体験を話すとわかりやすいかもしれない。一年ほど前、わたしは家にひとりでいて、夕食の準備のためにタマネギを薄く切っていた。それを炒めて、おいしいパスタ料理を作るつもりだった。だが、不幸なことに、ナイフは切れ味が悪く、滑って、わたしの左手の薬指を切った。傷は深く、指が落ちないように押さえていなければいけないほどだった（今でもまだその指の感覚が戻っていない）。わたしは自分がやってしまったことを見て、切断されかかった指を反対の手で押さえると、血を拭きとるよりも、すぐに近くの救急施設へ行き、できる限りの治療をしてもらったほうがいいと判断した。病院に着くまで、「プレメディタティオ・マロームラム」（悪い事態に前もって備える）を実践し、最悪の場合どんなことが起こるのか、それにどう対処するかを考え続けた。わたしは医者ではないが、予想される最悪の事態は、激痛、失血、そしておそらく指の一部を永遠に失うことである。だが、それならたいしたことではないかもしれない。わたしはピアニストではないし、論文は二本の指でとても速く入力できるし、外見がそれほど変わるわけでもないのでデートのときも困らないだろう。なんとかなる、とわたしは思った。そして、なんとかなった。結果は、わたしの予想よりもずっと良かったのである。指を失うことはなかったし、ときにはその指を使ってキーを打つこともできる。恋愛生活も損なわれていないことを、ありがたく報告しておこう。

5．立ち止まり深呼吸をする

「覚えておきたまえ。殴られたり、侮辱されたりしたから傷つくのではなく、傷ついたと思うから傷つくのである。誰かに挑発されて腹を立てるときは、きみの気持ちがそれに加担しているのだ。だから心像に対して衝動的に反応しないことが重要なのである。反応する前に一呼吸おけば、自分を制するのはより簡単になる」[11]

これまで論じてきたように、ストア哲学者は侮辱に対して、岩のように完璧に対応した（岩を侮辱したことがあるだろうか。岩は侮辱されただろうか）。熱心な実践者は、ユーモアも使った。だが、重要なのは、侮辱のようにネガティブなものであろうと、魅力のようにポジティブであろうと、抱いた印象を理性的に検証することである。問題になりそうな状況に即座に、直観的に反応したいという衝動に抗わなければならない。立ち止まり、深呼吸をし、外を少し歩いて、それからようやく、できるだけ冷めた頭で（平静にという意味であって配慮がないということではない）問題について考える。簡単に思えるかもしれないが、うまく実践するのは難しい。それでも、とても大事なことだ。これを実践しはじめると、物事への対処が劇的に変わり、その変化を見た人々からも前向きなフィードバックがもらえるだろう。わたしは、エピクテトスの助言に従って問題にうまく対処し、その結果、気持ちが明るくなったという経験を数え切れないほどしている。

「とにかくやろう《ジャスト・ドゥ・イット》」というナイキの有名なコマーシャルがある。だが、ストア主義者としては同意できない。大事なことであれば、いったん立ち止まり、よく考えて、やるかどうかを決めるべきだ。そういう習慣が何年も前から身についていたなら、どれだけほかの人を傷つけずにすんだか、どれだけ難しかったり恥をかいたりする状況を避けることができたか、またすべてにわたって自信を感じ、前向きでいられたかを想像してみるといい。エピクテトスはこう述べている。「(次に) 面倒なことや、喜ばしいことや、名誉なことや、憤ることがあれば、思い出すといい。今は力を振り絞るときだ。オリンピックのときがきたのだ。もう引き延ばすことはできない。一日が、そしてひとつの行為がこれまで積み上げてきたものを無駄にするか、維持できるかを決めるのだ[12]」人生のオリンピックはもう始まっている。これまで参加していなかったとしたら、今が参加のときだ。明日では遅すぎる。

6. 他人化

「わたしたちは共通の体験を思い起こすことによって、自然の意思を理解するようになる。友人が杯を割れば、すぐに『運が悪かっただけだ』と言う。だが、その言葉は、自分の杯が割られても同じように寛大に受け入れなければ、筋が通らない。さらに重大な事態を考えてみよう。誰かの妻か子どもが死ぬと、わたしたちは『それが人生だ』と言う。だが、わたしたち自身の家族が死ねば、すぐに自分のことを憐れむ。ほかの人が同じように家族を亡くして悲しんでいるときに、どう接するべきかを覚えておくといい[13]」

これを実践するのはすばらしいことだ。自分と同じことがほかの人にも起こったとき、わたしたちはそれを自分に起こったときとは同じようにとらえていないことを、エピクテトスは思い出させようとしている。他者に起こった問題については、災難でさえも、わたしたちは自分のときよりもずっと冷静でいられる。だが、なぜだろうか。どうして自分だけは特別だ、あるいは特別に違いないと考えるのだろうか。

もちろん、自分が地球のすべての人となんら変わらず、他者に起こったことに対して、自分に起こったことと同じように反応することを意識し、身につけたとしても、ストア派の主張にははっとさせられる。そして、他者の不運を、自分自身に起こったことと同じようにとらえ、同じような痛みと情を感じるのが正しいと考える。だが、この主張について、ストア哲学はふたつの答えを示した。ひとつは経験的な事実に、もうひとつは哲学的な原則にもとづいたものである。経験的な事実は、人間は生理的にそれほどの同情を示すのが不可能だということだ。地球上で命が失われるたびに、自分の愛する人が死んだときと同じように悲しみ、取り乱すのは、言ってしまえば、少しおかしい。一方、哲学的な議論は、自分を憐れむときよりも、「お悔やみを申し上げます。でも、これが人生というものです」とほかの人に言うときのほうが、完璧に正しくはないかもしれないが、真実に近いというものである。事故、怪我、病気、死は避けることができないし、そういったことが起こって取り乱すのも理解できるが（杯が割れたことに比べて、伴侶を失った悲しみの大きさを考えれば）、それがものの道理だと考えることで安らぎを得られる。宇宙は誰かひとりを、少なくともわたしたちのうち誰かひとりを特別に扱うことはないのである。

こうした「他人化」が助けになるのを最近の経験で知った。わたしは近しい人たちの気持ちを、反応が大げさすぎると考えて、無視しがちだ。だが、わたし自身が同じような目に遭うときは、そうではないことをエピクテトスが思い出させてくれる。たとえば、友人や同僚から痛烈に批判されたときなどである。また、わたしは批判をされたとき、今では、わたしが知っている誰もが、わたしが怒っているのと同じことを過去に経験した、あるいはこれから経験することをつねに思い起こすようにしている。他者の不幸に対する自分の反応を調整し、自分自身の問題を人間であれば誰にも起こることとして広い視野でとらえ直すことをつねに行なったおかげで、わたしは徐々に冷静に物事に対処できるようになった。ストア哲学に関心を持つ前はそれが欠けていたのである。

7．話は上手に手短に

「多くの場合、話さないほうがいい。話すのは必要なときだけでいい。それも手短に。話すよう求められたら話すといい。だが、剣闘、馬、スポーツ、飲食といったありふれたことは話さないほうがいい。とりわけ噂話は、称賛であっても、非難であっても、比較であっても、してはいけない」[14]

これはわたしにとって実行するのがとても難しい。わたしが人よりもうぬぼれが強いせいかもしれないし、教師として話をすることが習い性になっているせいなのかもしれない。それでも、この助言をできるだけ思い出すようにしている。効果は大きい。夕食の席や社交の場で、講義を聴きたいと思う人はそういないだろう。それを言うなら、どんな状況でも、講義を聴きたい人はあまりいないかもしれない。この実践の副次的効果は、人が集まるところに出かけても、あまり煙たがられなくなることである。

よく考えてみれば、エピクテトスが何を話してはいけないと言っているのかがわかってくる。わたしたちは、こんにち、剣闘について話すことはあまりないだろうが、有名なスポーツ選手、映画界や音楽界のスター、その他のセレブたちの噂話はよくする（セレブとは、ミュージカル「シカゴ」のなかで説明されていた通り、「有名であるがゆえに有名人である」人たちのことだ）。なぜそうした話をしてはいけない、あるいはできるだけ控えたほうがいいのだろうか。それは中身がないからである。カーダシアン家の人たち（あるいは今のセレブ）が何をしているかなど、どうしてわたしたちが気にする必要があるだろうか。そうしたことに興味を持つのは浅はかだと言うのはエリート主義的で、セレブ嫌いのように聞こえるかもしれないが、それは「真面目な」話は退屈で、いずれにしても今の良い会話とされているものよりも多くの背景知識が必要だと思い込まされているからだ。だが、そうとは限らない。古代ギリシャのシンポジア、あるいはローマ帝国ではコンビビウム（「ともに生きる」という意味）の参加者は、楽しい饗宴になるかどうかは、哲学、政治、その他の「真面目」な会話に左右されると考えた。ャでもローマでも、ワインやスナックが供された。啓蒙時代（一七世紀後半から一八世紀頃）には、個人的な社交場である「サロン」がヨーロッパのあちこちで開かれ、人々はサロンの集まりに招かれるのを競い合った。

エピクテトスが会話の話題としてとりわけ避けるべきだと言っているのが、噂話やほかの人の評価である。これについてもう少し考えてみよう。噂話は、仲間の近況を知るための手段として発展してきたものと言える。周囲の人々が信頼できるかどうかが生き残るために重要な場合は、とても有用な手段だ。現代社会においても、生涯のパートナー、友人、取引先、同僚などが信頼できるかどうかを判断するために評価をすることが必要である。そのためには、彼らがどんなことを言うか、とくにどんな振る舞いをするかを直接確かめるのが一番いい。噂話に興じ、その場にいないために自己弁護できない人の批評をするのは道義にもとる行為に思えるため、ストア哲学では、そうした行為は自分を貶めることになるとされる。

エピクテトスの主張は、わたしたちは何が最善の行為かを決め、それに合わせた振る舞いができるというストア哲学の原則にもとづいている。最初は、難しく、無理なことのように思えるが、習慣になってしまえば、自分の振る舞いを変えることはどんどん簡単になり、ついには、なぜ前はあんなことができたのかと思うようにさえなる。社交の場での振る舞いを、すぐに、がらりと変えられはしないだろう。だが、まずやってみてほしい。「剣闘」などの話に反応するのを徐々に控え、ときおり、あなたが関心を持っている話題を持ち出してみる。最近読んだ本や見た映画など、自分にも相手にも有益な会話につながると思えるものがいいだろう。どんなことになるかを見てみてほしい。わたしは自分がディナーパーティーを楽しめるようになったことに、今でも驚いている。

8．相手をよく選ぶ

「哲学者ではない者と交わるのをやめよ。交わらなければいけないのならば、相手に合わせてみずからを貶めないよう気をつけるといい。なぜなら、汚れた者の友人もまた汚れてしまうことから逃れられないからだ。たとえ、もとはどれだけ高潔であったとしても」[15]

この助言を読むたびに笑いを抑えきれない。これもまたストア哲学らしく、単刀直入な表現だ。現代の感覚では、どうしてもショックを受ける。だが、よくよく考えてみると、ときおりのショックも有益だと思うようになった。実際、こういった助言は、鼻持ちならないエリート主義的な言葉に聞こえるが、ほんの少し考えてみれば、そうでないことがわかる。まず、出所《でどころ》を思い出してみよう。これは元奴隷であったエピクテトスの言葉である。しかも彼は、現代で言うマックマンション（マクドナルドのチェーン店のように粗製乱造される豪邸）やゲーティッド・コミュニティ（ゲートを設けて住民以外の出入りを制限した居住地域）のように、世間から隔絶され、寄り集まって暮らす貴族たちを相手にしてではなく、戸外で教えを説くことによって生計を立てていた。次に「哲学者」という言葉でエピクテトスが意味したのは学者のことではなく（学者の大半は、言われなくても、そんなに頻繁に交わりたい相手ではない）、徳に従い、人間性を磨きたいと思っている人々のことだ。古代の人々は、誰もがそうした意味での哲学者になろうと努力するべきだと考えた。それは、自分自身と、共同体における生活と幸せをより良いものにするために理性を用いるということである。現代に生きるわたしたちもそのように考えたらいいのではないだろうか。また、人生は短く、誘惑や無益なものはどこに潜んでいるかわからない。そのため、自分の行動やつきあう相手にはつねに注意を払う必要があるという、一般的な助言でもある。

わたしはこの助言も、ほかの人とのつきあいにおいて少しずつ実践してみた。単にフェイスブックの「友達」を整理したということではない（実際、それもやったが）。誰となぜ一緒に過ごすかに注意を払うことにしたのだ。アリストテレス（ストア哲学者ではないが）はこう言っている。わたしたちは自分よりもすぐれた者と友人になることを望む。そうすれば彼らから学べる。少なくとも、友人は自分の魂を映し出す鏡となってくれる人であることを望む。そうであれば、それをのぞき込み、どれだけやるべきことがあるかがわかる（鏡ではなく、魂に対してである）。

9．侮辱されたらユーモアで返す

「誰かに悪口を言われているのがわかったら、噂話に対して自己弁護をするのではなく、こう言うといい。『なるほど、彼が知っているのはそれだけか。知っていればもっと話したはずだから』」[16]

これはエピクテトス一流のユーモアを添えた深い知恵を示す例である。他人から侮辱されたと言って憤るのではなく（他人が話すことはコントロールできないのを思い出してほしい）、自分を笑いの種にするのだ。気分が少し晴れるし、中傷者に恥をかかせることができる。少なくとも攻撃はやめさせられるだろう。ビル・アーヴァインはこの助言を芸術の域に高めている。ビルはあるとき、廊下で学科の同僚に呼び止められた。同僚は言った。「ぼくの次の論文で、きみの論文の一部を引用しようかと考えているんだ」そう言われて、ビルは喜んだ。同僚のひとりが自分の研究を認めてくれていると思ったからである（実は、そういうことはめったに起こらない。とくに哲学の分野では）。だが、その言葉には続きがあった。「だけど、きみの主張が見当違いのものなのか、紛れもなく有害なものなのか判断がつかない」さて、こう言われたら、たいていの人は腹を立てるだろう。これは悪意のない「所見」なのか（学者は社会的見識に欠けているという評判があるが、それも的外れではないだろう）、それとも意図的なこきおろしなのだろうか、と。だが、ビルは自己弁護のために、自分の論文が有害でも見当違いでもないという、詳細な、そしておそらく無駄な説明をしようとはしなかった。そのかわり、ストア主義者的な対応をした。深呼吸をし、にっこり笑ってこう言ったのである。「そうだね。ぼくのほかの論文を読んでくれていなくてよかったよ。もし読んでいたら、ぼくがどれほど見当違いで、有害かがわかっただろうから」

わたし自身もあまり上手ではないとしても、この助言を試してみたことは、読者の皆さんにも想像がつくだろう。これを実践することによって、他者との、とくに攻撃的な人との関わり方が大きく変わった。若い頃は、もっと自信がなく、批判されることが多かったせいもあって、侮辱されたと感じると、くよくよと考え込んだり、眠れなくなったりすることもあった。相手が尊敬する人や友だちと思っていた人の場合はとくにそうだった。だが、それも昔の話だ。今はビルの真似をしているし、実は、侮辱されるのを楽しみにもしている（だが、あまりそういうことはない）。

ビル流の「侮辱に対する平和主義」を実践するのに最適な場所はもちろん、インターネットである。わたしは、仕事とアウトリーチ活動のためにいくつかのＳＮＳを使っているほか、ふたつのブログを持っている。[17][18]そして、誰もが経験しているように、それが荒らし、マウンティング、無礼な行為の温床となってしまった。そのため、読者やフォロワー、それから、わたし自身のために早期にルールを設定した。ストア哲学に関心を抱く前のことだ。それ以来、侮辱にはユーモアで対処しているため、わたしのバーチャルライフはかなり快適になった。だが、まずは、できるだけ話さず、重要なことだけを話せというエピクテトスの助言に従っている。以前のように頻繁に返答をしたり、会話に加わったりはせず、ただ耳を傾けることが多くなった。さらに重要なことに、侮辱されて傷つくのは、相手がそうしようと意図したからでなく、自分が侮辱だととらえるからだということが、身にしみてわかりはじめてきた。

　この助言を実践するに際して、重要な注意事項がふたつある。何よりもまず、これは、ネット上でも、直接であっても、いじめという深刻な問題を無視するための裏技ではないということだ。いじめは決して認められるものではなく、早いうちに摘み取らねばならない。しばしば標的になるのは、とくに注意が必要な弱者や、心理的な問題に苦しんでいる、とりわけ過敏な人たちである。一方、問題を排除したり、押さえ込んだりする努力と、当事者の忍耐力を鍛えるというふたつの手法は両立させるべきである。実際、どちらかひとつを選ばなければならないという理由がないうえに、ふたつの手法は互いを強化する。侮辱に耐えられるよう自分を訓練すれば、心理的に強くなったように感じることができるし、それによって、より適切で効果的な対応ができるようになるだろう。逆の場合も同じである。毅然とした態度をとることができれば、いじめなど幼稚な行為に思えるし、実際に幼稚な行為であることがわかる（たとえ「大人」がやっているとしてもだ）。そして、こうした認識が、立ち直る力《レジリエンス》を強化することにつながる。

　もうひとつの注意事項は、この助言について話すと、しばしば聞かされる反論である。それは、侮辱だととらえたものは、もしかしたら単なる批評であり、建設的なものでさえあるかもしれないというものだ。それを無視したり、軽んじたりすれば、自分自身を磨く機会を逃すことも、傲慢だと思われることもあるだろう。

それに対しては、ストア哲学の四つの枢要徳のひとつである知恵を用いなければならない。そうすれば、批評と侮辱を区別することができるだろう。ふたつの違いは明白であることが多いので、賢人でなくてもわかるはずだ。それでも、侮辱と感じるものを受ける側であるときは、つねに考えるべきことが多くある。相手が友人か、それとも尊敬する人であれば、相手はただ助言をしているだけの可能性がある。少し辛辣かもしれないが、悪意はないのだろう。相手が友好的でなかったり、建設的で有用な助言をする立場になかったりしても、その人は自分が気がつかないことに気づいているのかもしれない。その場合も、相手の発言の刺々しい部分は無視して、その人が正しく、自分が見逃しているかもしれない面に集中しよう。侮辱は、たとえ意図したものであっても、学ぶ機会にならないとも限らない。

10. 自分自身についてあまり話さない

「会話においては、自分の行為や冒険について、必要以上に長く話さないほうがいい。自慢話は楽しいかもしれないが、相手がそれを聞いて楽しいと感じるとはかぎらない」[19]

実は、わたしはこの助言をしばしば守れずにいる（わたしのうぬぼれの強さと習い性についてはすでに言及した）。それでも努力はしている。うまくいったときは気分が良いだけでなく、社会生活をより楽しむことができる。気分が良いのは、他の多くの訓練と同じように、自制心を働かせることができる喜びを感じるからだ。ストア哲学者自身もそれを認めている。ジムへ行くことを例にすれば、よりうまく説明できると思う。読者の皆さんはどうかわからないが、わたしは近所のジムへ行き、受付にいる人がにっこりと笑って、大きな明るい声で「運動を楽しんでくださいね！」と言われると、まず、運動が楽しいはずがあるものか、と思う。確かに楽しいと思う人もいるだろうが、たいがいの人はそうではないのではないだろうか。それでも運動をするのは、運動は良いことで、苦しくてもやるべき価値があると思うからだ。だが、運動を終えて、シャワー室へ向かうときは、特別な満足感を抱く。身体に良いことをしたからだけでなく、自分の背中をぽんと叩いて、こう言えるからだ。「つらかったし、やりたくなかったけど、やりきったぞ！」

この訓練が、他者との関係に役立つことはすぐにわかると思う。他人の最新のスライドショーなど見たいと思わないのと同じように（たとえ最新のｉＰｈｏｎｅの小さな写真であっても）、他人が自己を延々と語るのを心の底から聞きたいと思う人はいない。自分は自分が思っているほど興味深い人間ではないと考えておけば間違いがないだろう。わたし（とエピクテトス）の言うことを信じてほしい。他者との交流の基本的事実をよく理解し、それをできるだけ考慮するようにすれば、友人や知り合いをより幸せにできる。

11　判断を交えずに話す

「誰かが急いで入浴しているなら、入浴の仕方が悪いと言わず、急いでいると言いなさい。誰かがワインをたくさん飲むなら、飲み方が悪いと言わず、たくさん飲んでいると言いなさい。理由も知らないのに、どうして悪い行動だとわかるのだろうか。そうすれば、あるものをはっきりととらえながら、別のものを認めるようなことにはならないだろう[20]」

これについても、わたしは努力中だ。残念ながら。だが、エピクテトスの助言はとても有用だし、きわめてストア派的である。要は、観察によって正しいことがわかれば受け入れることができる事実と、十分な情報がないために通常であれば差し控えるべき判断とを区別するということだ。

この訓練をする機会は、毎日、数え切れないほどある。たとえば友人が身なりをかまわなくなったら？　判断をするのではなく、事実を描き出してみよう。それから、どうしてそうなったのかを考えてみる。友人は自分が魅力ある、外見の良い人に見られたくないのだろうか。おそらく、そんなことはないだろう。もっと深い原因があるとしたらなんだろうか。結果を判断するのではなく、友人を批判せずに助けることはできるだろうか。あるいは、あなたが、あるいはほかの誰かが、同僚から当たり散らされたとする。「適切」だと思われる言葉を投げ返す（あるいは自分自身につぶやく）のではなく、自問してみよう。

自分は誰かに当たったことはなかったか？　もちろん、あるだろう。そのとき、相手をごみのように扱って楽しかっただろうか。不本意ながらそんなことをしたのは、何かはっきりしない、深い理由があったのだろうか。そのとき、爆発させた怒りを、相手にどうとらえてほしかったのか。どう反応してほしかったのだろうか。さて、今度は、立場が反対になったと想像してみてほしい。苛立つ同僚を前に、エピクテトスの助言を実践できるだろうか。

　少し立ち止まり、想像してみよう。自分やほかの人について、判断を急ぐのをやめ、事実を客観的に、より共感を持って見ることができたら、世界はどれだけ良くなるだろうか。

12. 一日を振り返る

「その日の行ないについて考えてみるまでは、柔らかい瞼が閉じるのを許さぬがいい。何を誤ったか。何を為し、何を為さなかったか。そこから始め、自分の行ないを振り返り、卑劣な行為に対してはみずからを諫め、善い行ないに対しては喜ぶといい[21]」

　最後の訓練は『提要』ではなく、『語録』からのものだ（すでに紹介したものである）。とても大事なことであり、わたし自身の大きな助けになったので、ここに含めることにした。セネカも同じようなことを助言している。セネカが勧めるのは、夜、ベッドに入る前にやることだ。ベッドに入ると疲れが襲ってきて、集中力を失ってしまうからだと言う。

家やアパートメントのなかで静かな場所を見つけ（わたしは、ニューヨークにある誰もが家賃を払えるような部屋に住んでいるが、なんとか実践している）、その日に起こったことを振り返る。マルクス・アウレリウスの『自省録』のように、振り返ったことを書き留めるのも効果的であることがわかった。

目的は、重要な出来事、とくに倫理的バランスの問題を含む出来事についてよく考えることだ。同僚を傷つけてしまったのではないか。パートナーを不当に扱わなかったか。学生に対して寛容でいられたか。友人の助けになれたか。わたしは、そうしたことひとつひとつを哲学日記に二行ほどでまとめ、できる限り公平な所感を書き加える。それは自分の行動に倫理面から成績をつけるようなものであり、経験から学んだことを忘れずにおくためのものでもある。それについては、ストア派きっての説得力ある的確な表現者であるセネカの体験を紹介するのが一番だろう。

精神は、日々、観察されなければならない。それはセクスティウスの習慣だった。一日が終わると、寝室へ向かい、精神に尋ねる。「今日はどんな悪い癖を直すことができたか？　どんな悪習を我慢したか？　より良くなったところはあるか？」毎日、審判を受けなければならないなら、怒りは止み、落ち着くだろう。一日に起こったことについて論じるのに、これより望ましい方法があるだろうか。自省したあとの眠りはどれほど快いものだろうか。精神が称賛、あるいは叱責を受け、あるいは秘密の尋問者と検閲官が品行に関する報告書を書いてくれるなら、不安から解放され、穏やかで、健全な気持ちでいられる。わたしはこの特権を用いて、日々、自分の前で理由を訴える。ランプが下げられ、わたしの習慣を知っている妻がおしゃべりを止めると、わたしは一日を思い出し、言ったこと、行なったことをひとつひとつ振り返ってみる。何も隠さないし、何も除外しない。「今回は許してやろう。次はもうやらないように」と自分に言ってやれるのだから、自分の欠点を怖れる必要がどこにあろう……善い人間は助言を喜び、悪い人間は助言されることを我慢できない。[22]

付録　実践哲学としてのヘレニズム哲学

驚異は哲学者が抱く感情であり、哲学は驚異から始まる。
――プラトン『テアイテトス（対話篇）』一五五

本書を通じ、倫理について、とくにストア哲学的観点から論じてきた。もちろん倫理学は、美学（美と芸術について）、認識論（いかに知識を獲得するかについて）、論理学（論理の理解）、形而上学（自然の本質の理解）とともに、哲学の古典的な一分野である。

しかし、本書の最初で述べたように、古代ギリシャ＝ローマ時代の倫理学は現代とは異なるものであり、ストア哲学だけが倫理を学ぶ手段ではないことは言うまでもない。現代の倫理学は、基本的にはどの行動が正しいか、間違っているかを考えるものだが、近代以前の哲学者は、いかに幸せな人生を送るかといった、より大きな問題として倫理学をとらえていた。幸福な人生の追求が人間にとってもっとも重要だと考えたからである。だが、幸福な人生をいかに追求するかは、エウダイモニアすなわち豊かな人生という概念をどうとらえるかによって変わってくる。ヘレニズム哲学の主流学派はおもにこの点が異なるため、ストア派以外の学派について知るのも有益だろう。つまるところ、『良き人生について』の著者アーヴァインと同じように、人生の指針となる哲学を身につけたり、それに順応したりすることは、最終的に選ぶどんな哲学よりも重要だとわたしは思う。

確かに、人生の豊かさにつながらない、とんでもない「哲学」もある。だが、あなた自身により適した哲学がほかにもあるかもしれない。わたしは「何がなんでもストア哲学だ！」と言うつもりはない。とはいえ、仏教、道教、儒教などの東洋の哲学については、ここでは説明しない。わたし自身があまり詳しく知らないし、興味がある人が利用できるすぐれた情報源がほかにたくさんあるからだ。ここでは、キリスト教以前の、ヘレニズム期における西洋哲学をざっと見ていこう。良い人生を送ることに注力した、あるいはそれについて多くを語ったヘレニズム哲学の学派を、簡単な樹形図にまとめてみた。[1]

図でわかるように、すべてはソクラテスから始まっている。[2] そこから解釈の違いによって、プラトンのアカデメイア派、アリスティッポスのキュレネ派、アンティステネスのキュニコス派と分岐する。アリストテレスの哲学はアカデメイア（アリストテレスがよく通った学園）から生まれ、キュレネ派はエピクロス派に、キュニコス派はストア派につなが

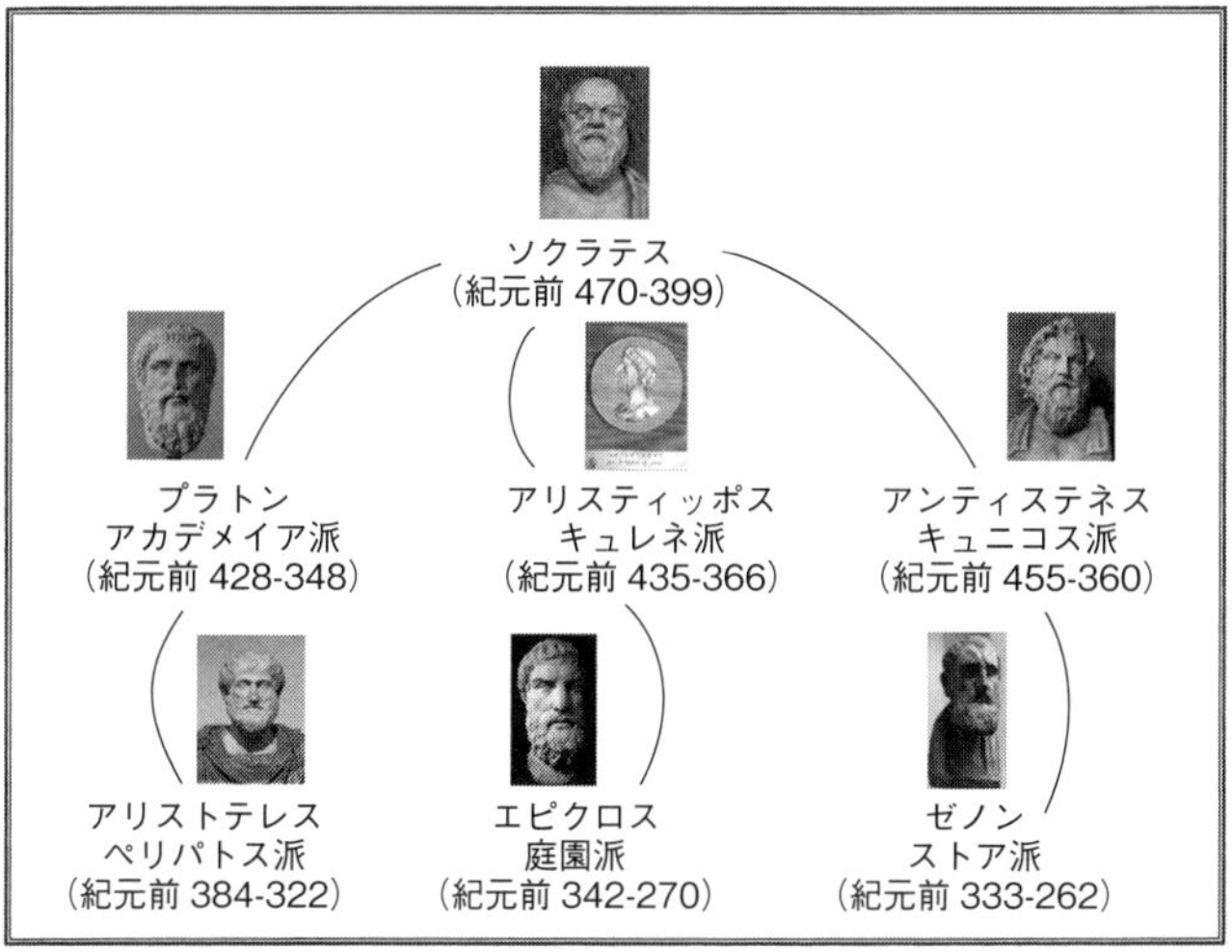

ヘレニズム哲学主流学派の歴史的、思想的関係とソクラテスの哲学からの派生を示したもの。Gordon, "Modern Morality and Ancient Ethics," *Internet Encyclopedia of Philosophy* の Figure 1 を参考にした。

った。だが、何世紀ものあいだ、それぞれの学派が互いに影響を与え合ってきたことを考えると、こうした系統は一対一ではなく、多対多の関係だと考えるべきだろう。では、それぞれの学派を簡単に見ていこう。ストア派について学んだあとなので、自分が本当はキュニコス派だとか、あるいは、意外にもエピクロス派だという発見もあるかもしれない。

ソクラテス哲学

　ソクラテスの思想は、おもにプラトンの初期対話篇（たとえば、『ラケス』、『カルミデス』、『プロタゴラス』）によって知ることができ、知恵を最高善とする徳に対する倫理的姿勢の原型となっている。知恵は、ほかのものすべてを正しく使うのに必要であり、つねに正しい唯一のものだと考えられた。わたしたちが道義的にやるべきは、人生を検証することであり、その最良の指針となるのが論理的な考察である。人生のエウダイモニアは、正しい行ないをすることで築かれ、悪は無知すなわちアマティアの結果である（言い換えれば、悪いことを意図的にする人はいないとされた）。

プラトン学派（アカデメイア派）

プラトンは後期対話篇において、ソクラテスの重要な見解を支持している（とくにエウダイモニア的人生を送るのは徳の実践のひとつであるという点）。それと同時に、多くの形而上学的概念を加えたり、イデア論によって言い換えたりした。抽象的で理想化された善のイデアはすべての善に関する超越的原理である。プラトンは、のちに、『国家』で述べたように社会的必要性を個人の繁栄よりも重要視し、理想的な国家は魂の三つの部分が反映されたものだとした。そこでは、魂の「理知」の部分が「気概」や「欲望」の部分を統べるように、哲学者が必然的にリーダーになるとされた。

アリストテレス主義（ペリパトス派、リュケイオンの学徒）

アリストテレスも、人生で重要なのは徳の実践によってエウダイモニアに到達することだと考えた（アリストテレスは一二もの徳目を挙げている）。アリストテレスの見方では、人間も含め、世界のすべてのものが適切な役割を有し、人間の役割は理知を働かせることである。すなわち、理知をうまく働かせるのが、エウダイモニア的人生を送ることになる。しかしながら、協力的な家族、社会環境、ある程度の教育、健康、富、多少の見かけの良さなど、外的な善もいくらかは必要だとした。

キュレネ派

キュレネ出身のアリスティッポスは、講義をすることによって金を稼いだ。ソクラテスの弟子でそうしたのはアリスティッポスが初めてだったと言われている。アリスティッポスにとって、人生の目的は長期的な幸福ではなく、刹那的な肉体の快楽だった。徳の実践は必要だが、快楽を求めるための手段としてだった。だが、キュレネ派はセックスやドラッグや乱痴気騒ぎに溺れる者ではなく、高次の快楽主義を求める者だと考えるべきだろう。アリスティッポスは次のように述べている。「わたしは所有しているが、所有されてはいない」一瞬一瞬を楽しむ一方で、楽しみを持続させるには自制が重要だとされた。

エピクロス派（庭園派）

エピクロスも喜びを高め、（とくに）苦痛を和らげることが人生では重要だと教えた。

だが、エピクロス的快楽主義は、キュレネ派のものよりも洗練されている（のちにキリスト教が対立する宗派との争いに功を奏したやり方を用いて、エピクロス派を貶めた）。エピクロスが言う快楽には精神的な喜びが、肉体的な喜びを超えるものとして含まれているのに加え、幸福は刹那的なものではなく、一生のプロセスとされているからだ。エピクロス派は先入観（とくに宗教的なもの）から自分自身を解放し、欲望を克服し、質素な生活を送り、友情を築くことを大事にする。しかし、社会的、政治的な生活とは距離を置くよう助言したことは重要だ（喜びよりも苦痛をもたらしかねないため）。

キュニコス派

キュニコス派の祖であるアテネのアンティステネスによると、実践的な知恵という徳は、エウダイモニア的人生に必要かつ十分なものである。そのため、キュニコス派は、すでにつつましいものであったソクラテス的な生き方を極限まで追求した。たとえば、アンティステネスの弟子であるシノペのディオゲネスは樽を住み処とし、物乞いをし、すべての社会的慣習を嫌った。ストア哲学者の多くは、キュニコス派を称賛し、エピクテトスは『語録』第三巻の長い二二章を費やしてキュニコス派を称えている。キュニコス派になれないのであれば、少なくともストア派であれ、とエピクテトスは述べている。

ストア派

ストア哲学の祖であるキティオンのゼノンは、シノペのディオゲネスの弟子であるキュニコス派のクラテスから哲学を学んだ。本書の読者はすでに知っているように、ストア哲学はアリストテレス主義とキュニコス派との中道にあたり、エピクロス派を強く否定している。ストア派は徳は幸福にとって必要かつ十分なものであるというキュニコス派の考え方を受け入れ、ペリパトス派が外的な善へふたたび（いくぶんかの）関心を示し、それを好ましい、あるいは好ましくない無関係として分類して、人格の一貫性を保てる限り、追求したり、避けたりした。

どの学派もソクラテスを出発点として発展し、分岐した。プラトン／アリストテレスの思想の枝はソクラテスの幸福主義《エウダイモニズム》に近いが、プラトンの哲学は霊的（イデア論、理想の国家）である一方で、アリストテレスの哲学は実用主義を志向した（エウダイモニアにはたいていの人が好ましいと考える外的な要件もいくらか必要）。キュレネ派／エピクロス派は徳を重視するのをやめて、喜びか痛みかという二項対立を考えた。キュレネ派はそのときどきの肉体の快楽を求めるのに対して、エピクロス派は知的で生涯にわたる喜びを求める（こうした姿勢はジョン・スチュアート・ミルや現代の功利主義論にも見られる）というのが大きな違いである。最後に、キュニコス派／ストア派の枝は、徳を重視する考え方でソクラテスとつながっている。キュニコス派は禁欲的な生活を求め、ストア派はたいていの人が好ましいと考える外的なものをふたたび受け入れる（あるいは大局的にとらえる）方法を発展させた。どちらの学派もキリスト教の歴史に大きな影響を与えている。

謝辞

本書はわたしの精神的、哲学的、知的な旅の結果である。その旅は何年も前に始まり、多くの紆余曲折を経た。そして、これは終着点でない。多くの人が直接的に、間接的にわたしの旅を助けてくれた。そのうちの何人かにとくにお礼を言いたい。高校時代に哲学を教えてくれたエンリカ・キアロモンテ先生。わたしは先生のおかげで哲学が好きになり、四半世紀たってようやく花を咲かせることができた。わたしが専門を哲学に変えるという突拍子もない決断をしたときに支えてくれたメリッサ・ブレネマン。わたしがストア哲学への旅を始めて以来ずっとそばにいてくれて、日々の実践を我慢してくれたコリナ・コラトーレ。ときには不便なこともあったと思う。哲学に関するわたしの特異な手法を支持してくれるニューヨーク市立大学の同僚たち。ストイックウィークやＳＴＯＩＣＯＮを支える大勢の人たち。彼らを通してわたしはストア哲学について学び、彼らに大いに助けられた。ストア主義者の仲間（であり仏教徒でもある）グレッグ・ロペス。エピクテトス、マルクス・アウレリウス、セネカについて彼から多くを学んだ。エージェントのティセ・タカギ。本書のプロジェクトの初めから熱心に取り組み、最後まで導いてくれた。ベーシック・ブックス社の編集者であるT・J・ケラハー。一緒に仕事をするたびにそのプロフェッショナリズムに感銘を受けた。そして、シンディ・バックはわたしの原稿を注意深く校閲してくれた。心から感謝する。

訳者あとがき

ニューヨーク・ヤンキースで活躍した松井秀喜氏は、マスコミの報道が気になるかどうかを聞かれて「自分にはコントロールできないことだから気にならない」と答えたそうです。また、イチロー選手も打率争いをしているときに「ほかの打者の成績は自分では制御できない。意識していない」という発言をしています。自分がコントロールできるものとできないものを区別し、コントロールできないものについては考えず、コントロールできるものに注力するという姿勢は、本書『迷いを断つためのストア哲学』（原題は *How to Be a Stoic: Using Ancient Philosophy to Live a Modern Life*）で紹介したストア哲学の重要な考え方のひとつです。

ストア哲学は紀元前三世紀に、キティオンのゼノンを学祖として始まりました。アテネの中心にあるストア・ポイキレ（彩色柱廊）に集まり、ゼノンの説教を聞き、誰もが参加をして意見を交わしたことから、ストア派と呼ばれるようになったそうです。ストア派の哲学者としてよく知られている人物に、ローマ皇帝ネロに仕え、最後には自害を命じられたと言われるセネカ、本書の案内役であり、『語録』『提要』を残したエピクテトス、第一六代ローマ皇帝であり、『自省録』を著した賢帝マルクス・アウレリウスなどがいます。

ストア哲学は、アメリカでは人生訓の古典として広く親しまれているようです。本書でも紹介されていますが、ビル・クリントン元アメリカ大統領は愛読書として、マヤ・アンジェロウの自伝『歌え、翔べない鳥たちよ』とともに、アウレリウス帝の『自省録』を挙げています。また、リーダーシップやレジリエンス（立ち直る力）といったテーマに興味がある読者のみなさんには、ジェームズ・ストックデールの名前はなじみがあるかもしれません。ストックデールは、ベトナム戦争当時、ハノイ・ヒルトンと呼ばれた北ベトナムの捕虜収容所に囚《とら》われながらも、敵に屈することなく生還を果たしました。戦場に赴《おもむ》く前にまさにエピクテトスの『提要』と『語録』を読み、北ベトナム上空で撃墜されたときは、これから「エピクテトスの世界に入る」ことを自分に言い聞かせたそうです。

ストア哲学が人の心をとらえるのは、実践的な哲学だからでしょう。すでに述べたコントロールできるもの、できないものという考え方は、わたしたちの日常に広く用いることができるはずです。たとえば受験生。試験に受かるかどうかはいろいろな要因に影響されます。自分の苦手なところが出題されたら、急病になったら、寝坊をしたら、電車が止まったら……と不安な気持ちに襲われることもあるかもしれません。でも、これらはコントロールできないことです。コントロールできるのは苦手を克服する、試験日が近づいたら体調を整える、前日は早く寝る、電車が止まった場合の代替手段を考えておくなどです。それらに注力するしかありません。営業で、明日、客先に売り込みに行く会社員は、買ってもらえなかったらどうしよう、と不安になるかもしれません。けれど、それはコントロールできないことです。コントロールできるのは、プレゼンの資料を準備し、客からの質問を予想して答えを考えておき、約束の時間に遅れないことです。それ以外のことは悩んでもしかたありません。

そう考えると人生のほとんどはコントロールできないことになり、ものや人に執着するな、という教えにつながります。家族や愛する人にも執着してはいけません。いくら大事にしていても永遠には一緒にいられないからです。こちらの気持ちが伝わらず、相手のほうから離れていくこともあるでしょう。それはコントロールできないことです。また、セネカが「わたしたちは日一日と死んでいる」と述べているように、いつかは死という別れがやってきます。子育て中のお父さんやお母さんは、愛するわが子を抱きしめながら、いつかその子と別れる日が来ることをつねに思い出せば、その子の一生を支配しようとしたり、子どもが成長して独立したのちに空の巣症候群に陥ったりすることもないでしょう。そのかわり、今、一緒にいられる瞬間をこの上なく大切に思えるはずです。

ものに対する執着について、セネカにはこんな言葉があります。「そんなものはすべて直ちに捨ててしまえ！　君が賢いなら、いや賢くなろうとしているならそうせよ。全速力で、全力を出して、正しい心の持ちように達しようと努めよ。君がそうするのを妨げる何かがあったら、直ちに離れよ、離れられなければ、それを断ち切れ……君が精神を自由にしたいなら、貧乏になるか、貧乏の真似をしなければいけないんだ」（中野孝次『セネカ　現代人への手紙』岩波書店）つまり、ものを所有すれば、ものに束縛されるのです。これは多くの人の支持を得ている「断捨離」の考え方や、今では活動の舞台をアメリカに移して片づけの魔法を広く伝授しているコンマリ、すなわち近藤麻理恵さんの姿勢にも通じています。そもそもストア哲学は、美徳をもっとも重んじているため、それ以外のものを「無関係」と呼びます。美徳を得るための助けになるものは「好ましい無関係」、助けにならないものは「好ましくない無関係」です。執着しない、という考え方はこうした呼び方にも表れているように思われます。

ストア哲学は英語でストイック（stoic）。「冷静な」とか「克己的《こっき》な」などという意味もあり、日本語では「禁欲主義」とも訳されます。そのため、ストア哲学というと、どんなことがあっても感情を表に出さず、歯を食いしばっていることのように誤解されがちです。興味深いことに、メジャーリーグでプレーしていた頃の松井選手は、ネット上の記事などでは「ストイック」という形容詞で描かれています。これはどんな状況にあっても松井選手が淡々とトレーニングを続けていることや、表情をあまり変えずに冷静でいるように見えることを述べているものです。確かに自制や平静（アタラクシア）を保つことは、ストア哲学の重要な要素です。松井選手がストア哲学を実践していたのかどうかはともかく、どんな環境にあっても自分がコントロールできることだけに注力していた姿勢が「ストイック」と形容されたのでしょう。ただし、ストア哲学は無味乾燥な人生を送ることを勧めているのではありません。それどころか、もっと楽しく、もっと幸せに生きるための実践的な知恵を説いているのです。

本書の著者マッシモ・ピリウーチはローマの出身で、イタリアのフェラーラ大学で遺伝学、アメリカのコネチカット大学で生物学、テネシー大学で哲学の博士号を取得しています。本書で述べている通り、人生を一度立ち止まって考えたときに、ストア哲学を生きるための哲学として選びました。なかでもエピクテトスが好きで、本書もエピクテトスとしばしば対話をする形で進めながら、ストア哲学を「行動」「欲求」「受容」の三つの原則に分類して説明しています。また、ストア哲学をいかに人生に取り入れるかを本書の最後に一二項目にまとめています。実践を旨とするストア哲学を紹介する書にふさわしいと言えるでしょう。さらに、ストア派だけでなく、ソクラテスの哲学、プラトンのアカデメイア派、アリストテレスのペリパトス派、キュレネ派、エピクロス派、キュニコス派などのヘレニズム哲学の他の学派についてもわかりやすく紹介されていて、ストア哲学に対する理解を深める助けになっています。

時代は哲学を必要としています。アルフレッド・アドラーの思想を解説した『嫌われる勇気』は大ベストセラーになりましたし、ＮＨＫの「１００分ｄｅ名著」や紹介される哲学書も好評のようです。フェイクニュースやポストトゥルースに翻弄されることが多いこんにち、どんな環境にあっても自分をしっかりと持ち続けるために、哲学が求められるのでしょう。そうした時代において、厳しい環境をより良く生きるために生まれたストア哲学が大きな助けになるのは間違いありません。

二〇一九年三月

注

1章　まっすぐではない道

1. Epictetus, Discourses, II.12. エピクテトスの *Discourses*（『語録』）の全テクストは http://classics.mit.edu/Epictetus/discourses.html で読むことができる。要約版である *Enchiridion*（『提要』）（135年）については、Elizabeth Carter が翻訳したものが http://classics.mit.edu/Epictetus/epicench.html にある（邦訳は、岩波文庫『人生談義（上・下）』〔鹿野治助訳〕に『語録』と『提要』の全訳が収録されている）。
2. Epictetus, *Discourses*, I.27.（『語録』）
3. Seneca, "Letter 24": On Despising Death," in Seneca the Younger, *Complete Works* (Delphi Classics, 2014), 19.（『セネカ哲学全集5』岩波書店、高橋宏幸訳）
4. Seneca, "On Tranquility of Mind," II.（『生の短さについて　他二篇』岩波文庫、大西英文訳）
5. ストイックウィーク（「ストア派哲学者のように生きる1週間」）に関する情報はウェブサイト http://modernstoicism.com/ を参照。ストア主義に関心を持つ人々のための年次集会 STOICON に関する情報は http://modernstoicism.com/stoicon-media/ を参照。
6. Robert Epstein, "The Prince of Reason," *Psychology Today*, January 1, 2001 のなかに引用されている。
7. Aaron T. Beck, A. John Rush, Brian F. Shaw, and Gary Emery, *Cognitive Theory of Depression* (New York: Guilford Press, 1987), 8.（『うつ病の認知療法　新版』岩崎学術出版社、坂野雄二・神村栄一・清水里美・前田基成訳）
8. William Irvine, *A Guide to the Good Life* (New York: Oxford University Press, 2008).（『良き人生について――ローマの哲人に学ぶ生き方の知恵』白揚社、竹内和世訳）
9. たとえば、人間は可能性を推定するのが苦手であることが、認知科学者によって繰り返し示されている。その事実が賭博やくじに利用されているのである。しかし、こうした発見を理由に、統計学が排除されることはない。逆に、

統計学が、数量的推論のよくある（ダメージの大きな）間違いに対して免疫を与えている面もある。

10. Seneca, "Letter 33: On the Futility of Learning Maxims," II.（『セネカ哲学全集5』）

11. ムソニウス・ルフスの著作はあまり残っていないが、William B. Irvine が編集し、前書きを記した *Musonius Rufus: Lectures and Sayings* が Cynthia King のすぐれた翻訳によって出版された。(William B. Irvine, 2011)

12. マルクス・アウレリウスの『自省録』（167 年）は出版を目的としたものではなかったが、もっともよく読まれ、エピクテトスの『語録』同様、版を重ねている。http://classics.mit.edu/Antoninus/meditations.html で George Long の翻訳による全文を読むことができる（邦訳は『自省録』岩波文庫、神谷美恵子訳）。

2章　ロードマップ

1. Diogenes Laertius, *Lives of the Eminent Philosophers*, VII.2.（『ギリシャ哲学者列伝』岩波文庫、加米彰俊訳）https://en.wikisource.org/wiki/Lives_of_the_Eminent_Philosophers で読むことができる。

2. 古代ギリシャ＝ローマ哲学は、肉体的な仕事やスポーツと関わりがある。ストア派のふたりめのリーダーであるクレアテスは、ボクシング選手であり、庭師として生計を立てた。

3. Diogenes Laertius, *Lives of the Eminent Philosophers*, VII.183.（『ギリシャ哲学者列伝』）

4. David Sedley, "The School, from Zeno to Arius Didymus", in *The Cambridge Companion to the Stoics*, edited by Brad Inwood (Cambridge: Cambridge University Press, 2003).

5. Epictetus, *Discourses*, III.2.（『語録』）

6. 図 2-1 は Donald Robertson (*Stoicism and the Art of Happiness: Teach Yourself - Ancient Tips for Modern Challenges* [Teach Yourself, 2003]) が、Pierre Hadot の論文 *The Inner Citadel: The Meditations of Marcus Aurelius* (Cambridge, MA: Harvard University Press, 1998) から用いた説明をわたし自身が解釈したものである。

3章　わたしたちの力が及ぶもの、及ばないもの

1. Solomon ibn Gabirol, *A Choice of Pearls* (New York: Bloch Publishng Co., 1925), chap. 17, verse 2.
2. *The Way of the Bodhisattva* (Boulder, CO: Shambhala Publications, 2008), chap. 6, verse 10.（『現代語訳大乗仏典７　論書・他』中村元訳、東京書籍）
3. Epictetus, *Enchiridion*, I.1.（『提要』）
4. Epictetus, *Discourses*, II.5, I.1.（『語録』）
5. Cicero, *De Finibus Bonorum et Malorum* (About the End of Goods and Evils), III.22, in *Complete Works of Cicero* (Delphi Ancient Classics, 2014).（『キケロー選集 10』岩波書店、永田康昭・兼利琢也・岩崎務訳）
6. Epicetus, *Discourses*, I.1.（『語録』）
7. Ibid., III.24.（『語録』）

4章　自然に従って生きる

1. Epictetus, *Discourses*, II.9.（『語録』）
2. Frans de Waal, *Primates and Philosophers: How Morality Evolved* (Princeton, NJ: Princeton University Press, 2009).
3. 人間のペニスに骨がないことやその他の変わった点については、Robert D. Martin, "The Evolution of Human Reproduction: A Primatological Perspective," supplement, *American Journal of Physical Anthropology* 134, no. S45 (2007): 59-84 を参照。
4. 人間の言語及び関連する話題の特異性について、Chet C. Sherwood, Francys Subiaul, and Tadeusz W. Zawidzki, "A Natural History of the Human Mind: Tracing Evolutional Changes in Brain and Cognition," *Journal of Anatomy* 212 (2008): 426-454 を参照。
5. 人間に共通する特性のリスト（もちろん異論や改善すべきものはあるが）は、Donald Brown, *Human Universals* (Philadelphia: Temple University Press, 1991)（『ヒューマン・ユニヴァーサルズ――文化相対主義から普遍性への認識へ』新曜社、鈴木光太郎・中村潔訳）を参照。
6. Epictetus, *Discourses*, II.9.（『語録』）
7. David Hume, *A Treatise of Human Nature* (London: John Noon, 1739), 335.（『人間本性論　第１巻・第２巻・第３巻』法政大学出版局、木曾好能・他訳）
8. こんにちでも大半の人々は、道徳の明白な拠り所は神であると考えているが、

その命題——もちろん神（あるいは神々）が存在するか否かという問題と異なる——は、2400年前にほかならぬソクラテスによってはっきり論駁され、ストア哲学に大きな影響を与えた。たとえば *Answers for Alistotle: How Science and Philosophy Can Lead Us to a More Meaningful Life* (New York: Basic Books, 2013) の18章を読んでみてほしい。

9. 範疇誤認という概念を理解するには、哲学の入門クラスで示される古典的な例を用いるのがよいだろう。「三角形の色は何か」という問いは、奥が深い問題を投げかけているようではあるが、実際には色という範疇を、その範疇が属さない概念（三角形）に当てはめている。色が決まった特定の三角形はあるかもしれないが、三角形とは概念的な幾何学的図形として、色ではなく角度や寸法などの観点から描かれる。それでもカクテル・パーティでこうした質問をして、だれかを数秒間だませるかもしれない。だが、相手がじっくりと考え込む前に、すぐそこから離れること。
10. 道徳的本能の概念に関して入手可能な資料は、Stephen Pinker, “The Moral Instinct,” *New York Times Magazine*, January 13, 2008.
11. 古くから直観で認識されていた5～7歳（あるいは6～8歳）での転換は、こんにちでは心理学と神経科学によって裏付けられた科学的概念として確立されている。Arnold J. Sameroff and Marshall M. Haith, *The Five to Seven Year Shift: The Age of Reason and Responsibility* (Chicago: University of Chicago Press, 1996).
12. Epictetus, *Discourses*, I.19.（『語録』）
13. *Ethical Fragments of Hierocles, Preserved by Stobaeus*, translated by Thomas Tailor(1822) の “How we ought to conduct ourselves toward our kindred” より。
14. Epictetus, *Discourses*, I.9.（『語録』）

5章　ソクラテスとの球技

1. Epictetus, *Discourses*, II.5.（『語録』）
2. ギリシャ人やローマ人がある種のサッカーに興じていたという証拠はかなりあるものの、試合のルールは伝わっていない。アテネの国立考古学博物館には、大人ひとりと子どもひとりを浮き彫りにした大理石のレリーフがあり、「folis」（膨らませたボール）と呼ばれたサッカーボールのようなものを大人がリフティングしているのがわかる。さらに、ウルピアヌスはローマの裁判で、男が理髪店でひげを剃ってもらっていたところ、「pile」型（現代のサッ

カーボールに近い縫い目が特徴）のサッカーボールが飛んできて死亡した事件を取り上げている。Digesto, IX, 2, II, pr. I（『『學説彙纂』の日本語への翻訳Ⅱ』信山社、江南義之訳）を参照。

3.「私たちの活動は妨げられるかもしれないが、私たちの意図や気質は妨げられない。なぜなら私たちは、適応し、順応することができるからだ。私たちの精神は活動の妨げとなるものを目的に合わせて変える。かくして活動を妨害するものが、助けになるものへと変わり、道を邪魔していたものが、道を楽にするものになる」Marcus Aurelius, *Meditations*, V. 20.（『自省録』）

4. Epictetus, *Discourses*, II.5.（『語録』）

5. Seneca, *Epistles*, 108, 22.（『セネカ哲学全集6』岩波書店、大芝芳弘訳）

6. Musonius Rufus, "The Lecture About Food," *Lectures*, part B, 3, 7, and 8, in Musonius Rufus, *Lectures and Sayings*, translated by Cynthia King (CreateSpace, 2011).

7. いわゆる非形式的誤謬と呼ばれるものは、実際には誤謬とはまったく異なるか、少なくともつねに誤謬ではなく、単なる経験則であることが多い。つまり、危機に際して、状況を納得できる形で理解したり、事前に判断をしたりするために利用できる近道である。論理的誤謬だという非難は、偽科学の主張を議論するときにとくによく見られる。わたしと共同研究者は以下の論文において、この点を論じている。Maarten Boudry, Fabio Paglieri, and Massimo Pigliucci, "The Fake, the Flimsy, and the Fallacious: Demarcating Arguments in Real Life," *Argumentation* 29 (2015): 431-456.

8. イレブン・マディソン・パークを例に挙げたのは、元「給仕頭」による記事（Edward Frame, "Dinner and Deception," *New York Times*, August 22, 2015）で、店のサービス文化についての舞台裏と、それを悪用する客について読んだからである。イレブン・マディソン・パークがこの面で特別だとは考えにくい。

9. Marcus Aurelius, *Meditations*, V.16.（『自省録』）

10. キュニコス派のディオゲネスの生涯と活躍について、こんにち、わたしたちが知っていることの大部分は、もうひとりのディオゲネス、すなわちディオゲネス・ラエルティオスの *Lives and Opinions of Eminent Philosophers*（『ギリシャ哲学者列伝』）から得たものである。

11. Seneca, *On Various Aspects of Virtue*, 18.（『セネカ哲学全集5』）

12. わたしのブログ howtobeastoic.org の読者が、美徳と好ましい無関係とを区

別するには辞書式選好が良いモデルになるという方向性を示してくれた。ハンドルネーム「timbartik」氏に感謝の意を表したい。

13. 多くの哲学者が暗黙的に辞書式選好を使い、金銭では買えない財があることを主張している。例として、Michael J. Sandel, *What Money Can't Buy: The Moral Limits of Markets* (New York: Farrar, Straus & Giroux, 2012)（『それをお金で買いますか――市場主義の限界』ハヤカワ・ノンフィクション文庫、鬼澤忍訳）、Debra Satz, *Why Some Things Should Not Be for Sale: the Moral Limits of Markets* (New York: Oxfortd University Press, 2010).

6章　神か原子か？

1. Epictetus, *Discourses*, I.6.（『語録』）
2. Thomas Aquinas, *Summa Theologiae* (1273), Article 3, Question 2.（『神学大全』中央公論新社、山田晶訳）
3. William Paley, *Natural Theology: or, Evidence of the Existence and Attributes of the Diety, Collected from the Appearance of Nature* (London: J. Faulder, 1802), ch.1.
4. David Hume, *Dialogue Concerning Natural Religion* (1779), Part II.（『自然宗教に関する対話』法政大学出版局、福鎌忠恕・齋藤繁雄訳）
5. Charles Darwin (1903), *More Letters of Charles Darwin*, edited by Francis Darwin and A. C. Seward (New York: D. Appleton and Co., 1903), 252. さらに次も参照。Sara Joan Miles, "Charles Darwin and Asa Gray Discuss Teleology and Design," *Perspectives on Science and Christian Faith* 53 (September 2001): 196-201. http://goo.gl/kbdNR5.
6. Epictetus, *Discourses*, I.12.（『語録』）エピクテトスと近い考え方について、近年、哲学者のティム・ムルガンが著書で擁護し、明確に説明している。Tim Mulgan, *Purpose in the Universe: The Moral and Metaphysical Case for Ananthropocentric Purpoposivism* (New York: Oxford University Press, 2015).
7. Epictetus, *Discourses*, II.8.（『語録』）
8. 汎神論と万有内在神論とは、小さいながら、重要な違いがある。汎神論では、神は自然と同じである。万有内在神論では、神は自然に深く内在している（つまり、神はあらゆる場所に存在する）が、神と自然は同じではない。ストア哲学者たちがどう考えていたかを断定するのが難しいのは、〝神〟（あるいは〝ゼウス〟。だが、オリンポス十二神の意味ではない）と〝自然〟という

語を、同じ意味で使っているからだ。その一方で、宇宙は物質でできていて、その一部（人間を含むすべての生物）は、ロゴスという合理的な原則に従っているとも考えている。従って、ストア派の形而上学は、汎神論と万有内在神論の両方の要素を持っているということになる。だが、そのことはここではさほど重要ではない。

9. Epictetus, *Discourses*, I.12.（『語録』）『どこへ動こうとも、汝は見ている』については、Homer, *Iliad*, X.279.（『イリアス』岩波文庫、松原千秋訳）
10. Seneca, *Epistles* I.12.11.（『倫理書簡集 I　セネカ哲学全集 5』岩波書店、高橋宏幸訳）
11. Marcus Aurelius, *Meditations* I.17.（『自省録』）
12. Marcus Aurelius, *Meditations* II.11.（『自省録』）
13. Marcus Aurelius, *Meditations* III.3.（『自省録』）
14. Marcus Aurelius, *Meditations* XII.14.（『自省録』）
15. 新無神論についてのわたしのさらなる論考については "New Atheism and the Scientific Turn in the Atheism Movement," *Midwest Studies in Philosophy* 37, no.1 (2015) 142-153. http://philpapers.org/rec/PIGNAA.
16. わたしの議論について関心があれば次を参照してほしい。"Dr. Massimo Pigliucci vs. Kent Hovind [a creationist]," https://goo.gl/oab5OX（2012 年 3 月 7 日投稿）、"William Lane Craig [a theologian] vs. Massimo Pigliucci," https://goo.gl/D4T7h7（2012 年 12 月 9 日投稿）、"Creation/Evolution Debate: Dr. [Duane] Gish [a creationist] vs. Dr. [Massimo] Pigliucci, May 20, 1999, Part 1," https://goo.gl/txfKjG（2013 年 4 月 6 日投稿）
17. Cicero, *The Nature of the Gods, in Complete Works of Cicero* (Dolphi Ancient Classics, 2014)（「神々の本性について」『キケロー選集 11』岩波書店、山本太郎訳）

7章　人格（美徳）の重要性

1. Epictetus, *Discourses*, I.2.（『語録』）
2. ソクラテスが知恵を最高善 (chief good) として語るのは、プラトンの対話篇のひとつである『エウテュデモス』である。Plato, *Euthydemus*, translated by G. A. McBryer and M. P. Nichols, introduction by D. Schaeffer (Focus Philosophical Library, 2010)（「エウテュデモス」『プラトン全集〈8〉』岩波書店、藤沢令夫・山本光雄訳）. わたしはストア哲学者としての立場から、注釈を

発表している。"Why Plato's *Euthydemus* Is Relevant to Stoics," How to Be a Stoic, August 20, 2015. https://goo.gl/9K3t2a.

3. 古代の人々は知恵には *sophia* と *phronêsis* の2種類があると考えていた。*sophia* は世界の本質を理解する能力であり、哲学（philosophy）とは知恵（*sophos*）への愛（*philo*）である。実用的な知恵を意味する *phronêsis* は、人生における良い決断をする能力であり、ストア哲学の4つの美徳のひとつである。*sophia* の欠如は *amathia* であり、どんなに知性と教養があろうとも、道徳的過ちにつながる。つまり、賢く、教養があることは知恵の保証にはならない。
4. Katherine Dahlsgaard, Christopher Peterson, and Martin E. P. Seligman, "Shared Virtue: The Convergence of Valued Human Strengths Across Culture and History," *Review of General Psychology* 9 (2005): 203-213.
5. Ibid., table 1 より。
6. Marcus Aurelius, *Meditations*, XI.27.（『自省録』）
7. Epictetus, *Discourses*, I.29.（『語録』）
8. Epictetus, *Discourses*, II.3.（『語録』）
9. Epictetus, *Discourses*, IV.3.（『語録』）

8章　大事な言葉

1. John Woolford, Daniel Karlin, and Joseph Phelan, eds., *Robert Browning: Selected Poems* (New York: Routledge, 2013), 364 に引用されている。
2. Epictetus, *Discourses*, I.26.（『語録』）
3. Epictetus, *Discourses*, I.28.（『語録』）
4 友人のエイミー・バラダレスがこのインタビュー・テープを私に紹介し、多少の翻訳もしてくれたおかげで、ここに引用することができた。インタビュー全体は、"Hannah Arendt im Gespräch mit Joachim Fest (1964)," https://goo.gl/JOeyJC（2014年8月8日投稿）を参照（ドイツ語）。英語版は、*Hannah Arendt: The Last Interview and Other Conversations* (New York: Melville House, 2013) が出版されている。
5. Plato, *Euthydemus*, 281d.（『エウテュデモス』京都大学出版会、朴一功訳）
6. Sherwood Belangia, "Ignorance vs. Stupidity," Shared Ignorance, September 8, 2014, https://goo.gl/vmIohg/.
7. アルキビアデスはとても興味深い歴史上の人物なのだが、驚いたことに、誰

も伝記を書いたり、映画にしたりしていないようだ。ぜひするべきである。彼は生まれた都市アテネを支持して、ペロポネソス戦争を開始した。最終的には国外追放となり、スパルタに逃げて、何度もアテネ打倒を画策した。その後、スパルタでも嫌われ、今度は都市国家ギリシャの宿敵であるペルシャについた。それから、ふたたびアテネに呼び戻され、シチリア島への壊滅的な侵攻につながる戦争を指揮したが、この戦いによってアテネは最終的に敗北した。しかし、アルキビアデスが計画どおりに遠征を進められていたら、結果は違っていたはずだ。だが、アルキビアデスはふたたび追放され、無能なニキアスに指揮権が与えられた。アルキビアデスは、今回はフリギア王国に逃れ、スパルタと戦うための援助を求めた。その後、フリギアの山中で、おそらくスパルタの刺客に殺されたと思われる。

8. *Alcibiades Major*, 118a-c, in *Plato in Twelve Volumes*, vol. 8, translated by W. R. M. Lamb (Cambridge, MA: Harvard University Press; London: William Heinemann Ltd., 1955).（『アルキビアデスⅠ』岩波書店、田中美知太郎訳）
9. Belangia, "Ignorance vs. Stupidity," https://woodybelangia.com/2014/09/08/ignorance-vs-stupidity/.
10. Glenn Hughes については同上で引用された "Voegelin's Use of Musil's Concept of Intelligent Stupidity in Hitler and the Germans" (Eric Voegelin Institute, 2007) から。
11. Euripides, *Media*, 1078.（『メディア』れんが書房新社、山形治江訳）
12. Epictetus, *Discourses*, I.28.（『語録』）
13. Epictetus, *Discourses*, II.26.（『語録』）
14. Michael Shermer, *Why People Believe Weird Things* (San Francisco: W.H. Freeman, 1997).（『なぜ人はニセ科学を信じるのか――ＵＦＯ、カルト、心霊、超能力のウソ』早川書房、岡田靖史訳）
15. Barbara J. Guzzetti, Tonja E. Snyder, Gene V. Glass, and Warren S. Gamas, "Promoting Conceptual Change in Science: A Comparative Meta-analysis of Instructional Interventions from Reading Education and Science Education," *Reading Research Quarterly* 28 (1993): 116-159.
16. Epictetus, *Discourses*, IV.5.（『語録』）

９章　ロールモデルの役割

1. Stephen Palmer, "The Stockdale Paradox: The Right Way to Leverage Hope,"

http://stephendpalmer. com/stockdale-paradox-hope/.
2. ストア哲学についてストックデールが著した2つの論文をネット上で読むことができる。“The Stoic Warrior Triad: Tranquility, Fearlessness, and Freedom,” lecture delivered April 18, 1995, http://goo.gl/dszFyQ および “Master of My Fate: A Stoic Philosopher in a Hanoi Prison,” n.d., http://goo.gl/jrooWm.
3. VADM James B. Stockdale, “Stockdale on Stoicism II: Master of My Fate,” 5, https://www.usna.edu/Ethics/_files/documents/Stoicism2.pdf.
4. VADM James B. Stockdale, “Stockdale on Stoicism I: The Stoic Warrior's Triad,” 16, https://www.usna.edu/Ethics/_files/documents/stoicism1.pdf.
5. Epictetus, *Enchiridion*, 9.（『提要』）
6. Epictetus, *Discourses*, IV.7.（『語録』）
7. クラーク・ケントはもちろん、スーパーマンのもう1つの姿だ。ベン・ケーシーは、1960年代初めのアメリカのテレビドラマシリーズ「ベン・ケーシー」の主人公の外科医である。
8. Epictetus, *Discourses*, III.15.（『語録』）
9. Massimo Pigliucci, *Phenotypic Plasticity: Beyond Nature and Nurture* (Baltimore: Johns Hopkins University Press, 2001).
10. これに続く考察は以下の明快で説得力ある論文から得た。Hugh Mercer Cutler, “Can Virtue Be Taught?” *Humanitas* 7, no. 1 (1994), http://www.nhinet.org/humsub/curtl7-1.pdf.
11. Lawrence Kohlberg, Charles Levine, and Alexandra Hewer, *Moral Stages: A Current Formulation and a Response to Critics* (Basel: Karger Publishing, 1983).（『道徳性の発達段階――コールバーグ理論をめぐる論争への回答』新曜社、片瀬一男・高橋征仁訳）
12. Pigliucci, *Phenotypic Plasticity*, 253-262.
13. Seneca, “On the Firmness of the Wise Person,” in *Complete Works*.（『怒りについて　他二篇』岩波文庫、兼利琢也訳）
14. 最近、出版されたカトーの伝記については以下を参照。Rob Goodman and Jimmy Soni, *Rome's Last Citizen: The Life and Legacy of Cato, Mortal Enemy of Caesar* (New York: St. Martin's Press/Thomas Dunne Books, 2012).
15. Plutarch, “Life of Cato,” in *Parallel Lives*, Delphi Complete Works of Plutarch (Delphi Classics, 2013), 70.6.（『プルターク英雄伝（九）』岩波文庫、河野与一訳）

16. Massimo Pigliucci, “On Death and Stoicism,” IN SIGHT series, Aeon, https://aeon.co/videos/how-the-stoic-embrace-of-death-can-help-us-get-a-grip-on-life.

10章　身体障害と精神障害

1. Lawrence Becker, *A New Stoicism* (Princeton, NJ: Princeton University Press,1997).
2. The New York City Stoics meet-up group については http://www.meetup.com/New-York-City-Stoics/ で見られる。
3. ラリー・ベッカーと会った結果、わたしは彼に、ストア派の理論と実践についての、さまざまな面に関してインタビューをすることになった。「ラリー・ベッカーへのインタビュー」は 2016 年 3 月 22、24、29、31 日の 4 回に分けて行なわれ How to Be a Stoic のウェブサイトに掲載された。https://goo.gl/cfPGgL; https://goo.gl/FyFZT8; https://goo.gl/hKgW1w; https://goo.gl/Gcc6La.
4. ポストポリオ・ヘルス・インターナショナルの会議でのラリー・ベッカーの演説「身体障害について自分の哲学を持つこと」は以下のサイトで視聴できる。http://www.polioplace.org/personal-philosophy-disability.
5. 選択肢が多すぎるために生じる〝消費者の麻痺〟に関する研究は以下の通り。Hazel Rose Markus and Barry Schwartz, “Does Choice Mean Freedom and Well-being?” *Journal of Consumer Research* 37 (2010): 344-355; Tina Harrison, Kathryn Waite, and Phil White, “Analysis by Paralysis: The Pension Purchase Decision Process,” *International Journal of Bank Marketing* 24 (2006): 5-23; Graeme Drummond, “Consumer Confusion: Reduction Strategies in Higher Education,” *International Journal of Educational Management* 18 (2006): 317-323.
6. Epictetus, Aulus Gellius, *Noctes Acticae*, xii.19.（『アッティカの夜 1』京都大学学術出版会、大西英文訳）
7. Andrew Overby, “How Stoicism Helped Me Overcome Depression,” Stoicism Today, September 19, 2015, http://goo.gl/sIGWuR.
8. つまるところ「自分以外になるとはどういうことなのか」は、哲学上の難問の 1 つである。Thomas Nagel, “What Is It Like to Be a Bat?” *Philosophical Review* 83, no.4 (October 1974): 435-450, http://goo.gl/PjZSeM.
9. Marcus Aurelius, *Meditations*, VII.61.（『自省録』）

10. William Irvine, *A Guide to the Good Life: The Ancient Art of Stoic Joy* (New York: Oxford University Press, 2008), 254.（『良き人生について――ローマの哲人に学ぶ生き方の知恵』）
11. Epictetus, *Discourses*, I.25.（『語録』）
12. "Stoicism as a Means to Cope with Autism," Stoicism Today, April 26, 2015, http://goo.gl/YOQBfM を参照。紙面の関係上ここでの説明は省くが、個人が抱える深刻な問題に向き合う姿勢によってストア哲学の力を示した例はほかにもある。Leonidas Konstantakos, "On Epictetus and Post-Traumatic Stress," Stoicism Today, January 30, 2016, http://goo.gl/oxXDrl; Chris Peden,"Autism and Stoicism I," Stoicism Today, April 25, 2015, http://goo.gl/ogXOyV（2人の自閉症の子どもを持つ親の視点から書かれている）; Marco Bronxによる深い感動を呼ぶエッセイ "In Praise of Chronic Pain: A Stoic Meditation," Stoicism Today, July 30, 2016, https://goo.gl/F5zOi2.
13. Seneca, "On the Usefulness of Basic Principles," *Letters to Lucilius*, XCV.53.（『セネカ　道徳書簡集――倫理の手紙集』東海大学出版会、茂手木元蔵訳）
14. Seneca, "On Reformation," *Letters to Lucilius*, XXV.2.（『セネカ　道徳書簡集――倫理の手紙集』）

11章　死と自殺について

1. 死に対する啓発的な考え方は、エピクロス派（ストア派最大のライバル）や仏教（ストア派にとって東洋のいとこ分）など、他の哲学体系にも見られる。
2. Epictetus, *Discourses*, II.6.（『語録』）
3. Epictetus, *Discourses*, III.26.（『語録』）
4. ミシェル・ド・モンテーニュの有名な小論のひとつが "That to Study Philosophy Is to Learn to Die"（1580年）（現代のジャンル全体の名となった書籍に収録）。全文は https://en.wikisource.org/wiki/The_Essays_of_Montaigne で読むことができる。冒頭に「キケロは『哲学をきわめるとは死の準備をすることにほかならない』と言った」とある。
5. Epicurus, "Letter to Menoeceus," http://www.epicurus.net/en/menoeceus.html.
6. Epictetus, *Discourses*, III.26.（『語録』）
7. Epictetus, *Discourses*, IV.7.（『語録』）
8. 興味がある人は、下記で理由を詳しく説明しているので参照してほしい。

Massimo Pigliucci, “Mind Uploading: A Philosophical Counter-analysis,” in *Intelligence Unbound: The Future of Uploaded and Machine Minds*, edited by Russell Blackford and Damien Broderick (Hoboken, NJ: Wiley, 2014).

9. Epictetus, *Discourses*, IV.1.（『語録』）
10. Julie Watson, “Terminally Ill Woman Holds Party Before Ending Her Life,” Associated Press, August 11, 2016, http://goo.gl/jqOr2A.
11. Epictetus, *Discourses*, II.1.（『語録』）
12. エピクテトスが自殺を「開いている扉」と表現していることは、古代哲学の研究で広く認められている。たとえば下記を参照されたい。
    W. O. Stephens, “Epictetus on Fearing Death: Bugbear and Open Door Policy,” *Ancient Philosophy* 34 (2014): 365-391.
13. Epictetus, *Discourses*, I.25.（『語録』）
14. Epictetus, *Discourses*, II.5.（『語録』）
15. 最近、セネカの伝記として下記の２冊が出版されたが、道徳心や哲学としての一貫性のとらえ方は少々異なる。
    James Romm, *Dying Every Day: Seneca at the Court of Nero* (New York: Alfred A. Knopf, 2014).（『セネカ　哲学する政治家――ネロ帝宮廷の日々』白水社、志内一興訳）
    Emily Wilson, *The Greatest Empire: A Life of Seneca* (New York: Oxford University Press, 2014).
16. Epictetus, *Discourses*, II.15.（『語録』）
17. Epictetus, *Discourses*, I.9.（『語録』）

12章　怒り、不安、孤独にいかに対処するか

1. プラトンは、師が風刺の的にされるのを良く思わず、著書『パイドン』において、後年、ソクラテスがアテネで死刑に処せられたのはアリストパネスのせいでもあると述べて非難した。現代の学者によると、この主張は疑わしいが、まったく不当とは言えないようだ。
2. Epictetus, *Discourses*, I.18, I. 29.（『語録』）
3. 皮肉にも、サモサタのルキアノスによると、エピクテトスが亡くなったとき、友人のひとりがエピクテトスのものだったランプを手に入れ、3000ドラクマという高値で売った。エピクテトスはきっと快く思わなかっただろう。
4. 現代の心理学的な見解から、怒りを認識し、それとうまく付き合うことに役

立つ論文は、次のものだ。American Psychological Association, "Controlling Anger Before It Controls You," http://www.apa.org/topics/anger/control.aspx.

5. Epictetus, *Discourses*, I.18.(『語録』)
6. ストア主義者として支持できそうな刑務所制度の3つの例は以下を参照。"Inside Norway's Progressive Prison System," CNN, August 3, 2011, http://edition.cnn.com/2011/WORLD/europe/08/02/vbs.norwegian.prisons/; "Progressive Prison Keeps Door Open," This is Finland, http://finland.fi/life-society/progressive-prison-keeps-doors-open/; Nicholas Turner and Jeremy Travis, "What We Learned from German Prisons," *New York Times*, August 6, 2015.
7. APA, "Controlling Anger Before It Controls You."
8. Epictetus, *Discourses*, II.12.(『語録』)
9. わたしが何を参照したかはおわかりと思うが、もし、わからなければ以下を参照。"Monty Python: Always Look on the Bright Side of Life," https://youtu.be/jHPOzQzk9Qo (around 2'30") (uploaded July 28, 2006).
10. Epictetus, *Discourses*, II.13.(『語録』)
11. 以下に、関連する記事を紹介する。Rebecca Harris, "The Loneliness Epidemic: We're More Connected Than Ever—But Are We Feeling More Alone?" *The Independent*, March 30, 2015; Vanessa Barford, "Is Modern Life Making Us Lonely?" *BBC News Magazine*, April 8, 2013; Janice Shaw Crouse, "The Loneliness of American Society," *The American Spectator*, May 18, 2014. グーグルで少し検索すれば、さらに多くが見つかる。
12. Colin Killeen, "Loneliness: An Epidemic in Modern Society," *Journal of Advanced Nursing* 28 (1998): 762-770.
13. 同上　762頁
14. Epictetus, *Discourses*, III.13.(『語録』)

13章　愛と友情について

1. エピクテトスがうろたえた父親と出会ったことに関するこの部分とこのあとの引用は、Epictetus, *Discourses*, I.11.(『語録』)。
2. Epictetus, *Discourses*, IV.5.(『語録』)
3. Epictetus, *Discourses*, II.14, I.29.(『語録』)
4. ストルゲーは必然性の意味を含むため、直観に反して、暴君を「愛する」と

いうような、耐える以外に選択肢がないことを表す際にも用いられた。
5. Epictetus, *Discourses*, II.22.（『語録』）

14章　精神的訓練の実践

1. ストア哲学に関する実践的な書には、William B. Irvine, *A Guide to the Good Life: The Ancient Art of Stoic Joy* (New York: Oxford University Press, 2008)『良き人生について——ローマの哲人に学ぶ生き方の知恵』); Donald Robertson, *Stoicism and the Art of Happiness: Ancient Tips for Modern Challenges* (Teach Yourself, 2013) がある。
2. 友人であり、ストア主義同志であり、多くのプロジェクトの協働者であるグレッグ・ロペスには、惜しみない協力をしてもらった。感謝する。
3. グレッグとわたしは、このリストにマルクス・アウレリウスの『自省録』から学んだことをいくつか加えたために、項目は全部で24になった。全項目のリストについては、次を参照してほしい。How to Be a Stoic, "Collections," https://howtobeastoic.wordpress.com/collections/.
4. この姿勢は、現代経済学では、5章で示したように、あるモノは売ることができないと哲学者が論じるとき辞書式選好が働いている。Sandel, *What Money Can't Buy*（『それをお金で買いますか——市場主義の限界』）および Satz, *Why Some Things Should Not Be for Sale* を参照。
5. Epictetus, *Enchiridion*, I.5.（『提要』）
6. Lawrence C. Becker, *A New Stoicism* (Princeton, NJ: Princeton University Press, 1997), 42.
7. Epictetus, *Enchiridion*, III.（『提要』）
8. 同上　IV.
9. 同上　X.
10. Epictetus, *Discourses*, IV.8.（『語録』）
11. Epictetus, *Enchiridion*, XX.（『提要』）
12. 同上　CI.
13. 同上　XXVI.
14. 同上　XXXIII.2.
15. 同上　XXXIII.6.
16. 同上　XXXIII.9.
17. Twitter は https://twitter.com/mpigliucci.

18. 哲学全般に関するわたしのブログは platofootnote.org を参照。ストア哲学に関するものは howtobeastoic.org で見られる。

19. Epictetus, *Enchiridion*, XXXIII.14.（『提要』）

20. 同上　XLV.

21. Epictetus, Aulus Gellius, *Noctes Acticae*, xii.19.

22. Seneca, *On Anger*, III.36.（『怒りについて　他二篇』）

付録　実践哲学としてのヘレニズム哲学

1. 樹形図は下記より。John-Stewart Gordon, "Modern Morality and Ancient Ethics," Internet Encyclopedia of Philosophy, http://www.iep.utm.edu/anci-mod/ (accessed May 27, 2016).

2. 西洋哲学がすべてソクラテス以前の哲学とそれ以後の哲学に分類されるのには理由がある。

迷《まよ》いを断《た》つためのストア哲学《てつがく》
2019年4月10日　初版印刷
2019年4月15日　初版発行
*
著　者　マッシモ・ピリウーチ
訳　者　月沢李歌子《つきさわりかこ》
発行者　早川　浩
*
印刷所　株式会社亨有堂印刷所
製本所　大口製本印刷株式会社
*
発行所　株式会社　早川書房
東京都千代田区神田多町2−2
電話　03-3252-3111（大代表）
振替　00160-3-47799
http://www.hayakawa-online.co.jp
定価はカバーに表示してあります
ISBN978-4-15-209852-8　C0012
Printed and bound in Japan
乱丁・落丁本は小社制作部宛お送り下さい。
送料小社負担にてお取りかえいたします。